L'ASSISTANCE PUBLIQUE

EN

ALLEMAGNE

LÉGISLATION — STATISTIQUE DE 1885

PAR

P. A. LE ROY

EXTRAIT DE LA REVUE GÉNÉRALE D'ADMINISTRATION

PARIS
BERGER-LEVRAULT ET Cie, LIBRAIRES-ÉDITEURS
5, RUE DES BEAUX-ARTS, 5
MÊME MAISON A NANCY

1890

L'ASSISTANCE PUBLIQUE EN ALLEMAGNE

LÉGISLATION — STATISTIQUE DE 1885

NANCY, IMPRIMERIE BERGER-LEVRAULT ET Cie.

L'ASSISTANCE PUBLIQUE

EN

ALLEMAGNE

LÉGISLATION — STATISTIQUE DE 1885

PAR

P. A. LE ROY

EXTRAIT DE LA REVUE GÉNÉRALE D'ADMINISTRATION

PARIS

BERGER-LEVRAULT ET Cie, LIBRAIRES-ÉDITEURS

5, RUE DES BEAUX-ARTS, 5

MÊME MAISON A NANCY

1890

A

M. Henri-Ch. MONOD

Directeur de l'assistance et de l'hygiène publiques en France

P. A. Le Roy.

AVANT-PROPOS

Presque jusqu'à la fin du moyen âge, l'Église remplit dans le monde chrétien les devoirs de la charité à l'égard des pauvres, des malades, des affligés.

A cette époque, les seigneurs féodaux aussi prenaient soin de leurs vassaux.

Mais en Allemagne, lors de la Réforme religieuse qui eut lieu au XVIe siècle, l'Église, dépouillée de la plus grande partie de ses biens par les princes protestants, devint impuissante, et les liens qui unissaient les seigneurs à leurs vassaux étaient rompus.

Dès lors, la législation des divers États imposa à toutes les communes les charges de l'assistance publique. Cependant, le droit à l'assistance demeura subordonné à l'indigénat, et la faculté de séjourner, de s'établir dans une commune, appartint exclusivement aux habitants nés dans cette commune.

Les communes étaient donc efficacement protégées contre l'intrusion de nouveaux arrivants. L'année 1866 amena la fin de ce régime.

La Prusse devenue la dominatrice de l'Allemagne travailla énergiquement à l'unifier; elle continua ainsi l'œuvre qu'elle avait commencée en 1831, en formant l'Union des douanes allemandes (*Zollverein*). L'œuvre fut achevée en 1870-1871 par le rétablissement de l'empire d'Allemagne.

Le 1er novembre 1867, Guillaume, roi de Prusse, au nom de

la Confédération germanique dont il était devenu le chef, promulgua la loi dite : « La loi sur la liberté de circulation et de séjour » (*Freizügigkeit-Gesetz*) qui confère désormais à tout Allemand, quelle que soit son origine, le droit de circuler, de s'établir, d'habiter, d'exercer toutes profession et industrie sur n'importe quel point du territoire allemand. Cette loi accéléra singulièrement le mouvement d'immigration des habitants des campagnes dans les villes.

En vue de défendre celles-ci contre l'augmentation croissante et continue des dépenses d'assistance publique, la Bavière, prenant la première l'initiative (1869), édicta pour elle une loi destinée à les protéger.

Puis vint la loi fédérale du 6 juin 1870 dite : « Loi sur le domicile de l'assistance », qui est en vigueur dans toute l'Allemagne, sauf en Alsace-Lorraine, qui a conservé la législation française, et en Bavière. Cette loi a également pour objet de prévenir l'augmentation croissante des dépenses d'assistance publique dans les villes. Le but ne fut pas atteint, les dépenses ne cessèrent de s'accroître.

Enfin en 1883 et 1884 furent instituées les Caisses d'assurances *obligatoires* contre les maladies, et les Mutualités patronales obligatoires d'assurances contre les accidents du travail.

Il paraît certain que, dans un temps donné, ces nouvelles institutions devront alléger sensiblement les charges de l'assistance supportées actuellement par les communes. Et en effet, l'assurance obligatoire contre les maladies et les accidents met *à la charge exclusive des travailleurs et des patrons toutes les dépenses résultant des maladies qui peuvent atteindre les ouvriers occupés, et les accidents survenus pendant le travail.* Ce qu'il faut signaler, c'est le moyen ingénieux imaginé par la loi pour arriver à la perception de taxes nouvelles sur l'ouvrier, *sans qu'il soit possible à celui-ci de s'y opposer.* Aucune de ces dépenses ne retombant sur l'État ni sur les communes, la loi fixe pour les Caisses contre les maladies un minimum de secours bien supérieur aux secours dispensés par les municipalités assistantes dites en allemand : Unions de pauvres (*Armenverbände*). On verra dans ce travail de quelle manière la législation allemande a résolu le problème des responsabilités en cas d'accidents arrivés dans le travail, de quelle façon ingénieuse elle a solidarisé les patrons et les ouvriers, quelle est la part respective des dépenses supportées simultanément par les patrons et les ouvriers et quelles dispositions elle a imaginées pour assurer d'une manière efficace le paiement des indemnités dues aux victimes des accidents. Après avoir montré la vraie portée des caisses d'assurances obligatoires, qualifiées si bénévolement de socialisme d'État, j'ai cru qu'il serait utile et non sans intérêt de faire connaître, dans ses grandes lignes, la loi relative à l'établissement de caisses de retraite pour les vieillards et pour les travailleurs devenus invalides avant l'âge.

Puis j'ai expliqué succinctement les diverses législations allemandes d'assistance publique, et j'ai exposé comment les communes dispensent l'assistance. Enfin j'ai essayé de faire voir dans quel sens et jusqu'à quel point *l'obligation d'assister les pauvres et les malades, inscrite dans les lois*, est admise par les légistes et pratiquée en Allemagne.

J'ai entrepris cet ouvrage à la suite d'une mission qui m'a été confiée par le Gouvernement pour aller étudier sur place l'organisation et le fonctionnement de l'Assistance publique en Allemagne.

J'ai fait tous mes efforts pour remplir convenablement cette mission et j'ai l'espoir que ces efforts n'auront pas été vains.

P. A. Le Roy.

L'ASSISTANCE PUBLIQUE EN ALLEMAGNE

L'Allemagne entière voit dans l'empire, rétabli par la maison de Hohenzollern, le symbole de sa puissance et de cette unité à laquelle elle aspirait depuis près d'un siècle, mais elle n'a pas cessé pour cela d'être une confédération d'États, et ces États n'ont abandonné à l'empire que les services principaux d'intérêt général. L'empire a des ressources financières spéciales, permanentes, qui assurent son indépendance, sa force, sa dignité; à l'empire appartient la représentation de l'Allemagne vis-à-vis de l'étranger; il peut déclarer la guerre et conclure des traités de paix, mais il doit obtenir pour cela l'assentiment du Conseil fédéral; il a le commandement suprême de la flotte, de l'armée, et dirige l'administration des douanes, des postes et des télégraphes. La réglementation de l'exercice des professions, les poids et mesures, les monnaies, les banques, les brevets d'invention, la propriété intellectuelle sont de son domaine. En fait, cependant, l'empire a limité ses attributions. Il propose et fait voter par le Reichstag et le Bundestag (Conseil fédéral), des lois d'intérêt général, en abandonnant aux États fédéraux le soin de fixer les conditions dans lesquelles ces lois doivent être appliquées, conformément à leurs usages et à leurs traditions. Tout ce qui concerne l'administration intérieure de ces États, la justice, la police, les travaux publics, les finances, les cultes, etc., est demeuré leur domaine propre. La Prusse ellemême, dans les provinces de l'Ouest et sur les bords du Rhin particulièrement, a conservé le Code civil français dit Code Napoléon, tandis que le régime de la propriété, dans certaines régions du Nord et de l'Est, est encore presque entièrement féodal.

Un congrès de la Société allemande de bienfaisance et d'assistance des pauvres a été tenu à Stuttgart dans l'automne de 1886. Je remarque dans un discours prononcé par le comte de Wintzingerode le passage suivant :

« Nous trouvons devant nous une difficulté qu'on ne saurait négliger ; l'organisation de l'État et des communes est si différente dans les divers pays de l'Allemagne, que les mêmes mots n'ont pas le même sens en ce qui concerne l'administration. Ce que l'on nomme cercle (*Kreis*) en Prusse, répond en Wurtemberg au mot bailliage supérieur (*Oberamt*), en Bavière au mot district. Les cercles bavarois et saxons correspondent par l'étendue et la population au *Regierungsbezirk*[1] prussien. En Bavière, le cercle (*Kreis*) est corporatif et a une très grande importance dans le système d'assistance publique.

« Cette importance est nulle dans le *Regierungsbezirk* prussien où la vie communale fait défaut, excepté cependant à Cassel et à Wiesbaden. En Prusse, les provinces peuvent entrer en comparaison avec les districts bavarois (*Bezirke*). Cette diversité d'organisation administrative et de dénominations nous menace, aussitôt que nous voulons établir des comparaisons, d'une sorte de confusion des langues babylonienne. »

L'Allemagne pourrait donc prendre pour devise le mot : Diversité. La différence des législations de l'assistance publique en fournit une preuve. Il n'y a pas, en effet, en Allemagne, moins de quatre lois différentes qui régissent cette partie si importante de l'administration publique.

1° L'Alsace-Lorraine a conservé presque entier le système d'assistance français ;

2° La Bavière a ses lois particulières auxquelles elle paraît singulièrement attachée ; j'ai pu le constater. A aucun prix elle ne veut introduire chez elle la loi dite : loi sur le domicile de l'assistance ;

3° Une province de la Bavière, le Palatinat, a une loi particulière sur l'indigénat et le domicile de l'assistance ;

4° Et enfin le système prussien qui a été introduit dans toute l'Allemagne, sauf en Alsace-Lorraine, en Bavière et dans le Palatinat. Il est absolument inutile de parler de l'assistance publique de l'Alsace-Lorraine ; mais le système bavarois se recommande par son originalité. Il diffère beaucoup du système prussien. Il est donc indispensable de faire connaître une législation qui donne satisfaction aux intérêts d'une population de près de 6 millions d'hommes. Commençons par la loi dite du Domicile de l'assistance qui est appliquée à plus de 39 millions d'hommes.

---

1. A peu près un département français.

I. — LÉGISLATION ET STATISTIQUE

LOI DITE DU DOMICILE DE L'ASSISTANCE ET LOI D'EXÉCUTION

(6 juin 1870 et 8 mars 1871.)

L'assistance publique des malades, des indigents, des vieillards, des infirmes est, en Allemagne, de tradition immémoriale, obligatoire pour les communes et pour l'État.

Cette obligation est même inscrite dans les codes depuis plus d'un siècle, avec *le droit au travail* qui, on le pense bien, est resté à l'état de lettre morte, aucun gouvernement, quelque puissant qu'il soit, n'étant le maître de donner sérieusement du travail, *quand il n'y a pas de besoins.* Mais il n'est question ici que de l'assistance publique. Les difficultés auxquelles ont donné lieu la distribution des secours et l'application des lois anciennes ont décidé, en 1870, le Gouvernement allemand à élucider et à condenser dans une loi dite du domicile de l'assistance (*Unterstützungswohnsitz-Gesetz*) la législation ancienne et la jurisprudence relatives à l'assistance publique.

Une autre loi du 8 mars 1871 complète la première, fixe les dispositions qui doivent régler l'obligation de l'assistance publique en Allemagne et indique les voies et moyens d'exécution et d'application.

La première loi, celle de juin 1870, a été promulguée au nom de la Confédération germanique du Nord; celle du 8 mars 1871, dite loi d'exécution, au nom de Guillaume, roi de Prusse. Chaque État fédéral a sa loi particulière d'exécution, mais toutes ces lois sont presque identiques. Je ne mentionne ce fait que pour être absolument exact. Les deux lois ont été successivement introduites et rendues applicables dans tout le territoire de l'Empire allemand, à l'exception toutefois de la Bavière et de l'Alsace-Lorraine, *où l'assistance publique n'est pas obligatoire et est demeurée facultative.*

Les deux lois, très détaillées, comprennent ensemble plus de 140 articles. Je vais, sans m'astreindre à suivre l'ordre de ces articles, donner une analyse sommaire, mais aussi claire que possible, des dispositions principales de ces deux lois.

Administration de l'assistance.

Unions locales et provinciales de pauvres. — L'assistance sera fournie et les secours distribués par des institutions dites *Unions locales de pauvres* pour les villes et les bourgs (*Armenverbände*) et *Unions provinciales de pauvres* pour *les pauvres sans domicile légal d'assistance.* Les Unions provinciales (*Landarmenverbände*) sont des émanations d'une province ou d'un État fédéral. Les membres des *Unions* locales sont nommés par les municipalités et, là où il n'existe pas de représentants élus, par le Gouvernement. On peut, je crois, les assimiler à ce que nous nommons en France des bureaux de bienfaisance. Toutefois, il est évident que les *Unions de pauvres* ont des attributions bien plus étendues.

Les *Unions de pauvres* ont la faculté, avec l'approbation de l'autorité administrative, de se réunir afin de composer ainsi une unité plus forte, d'augmenter leurs moyens d'action et de diminuer relativement les frais de gestion. Ainsi réunies, elles forment ce que l'on appelle en France des syndicats.

Domaines seigneuriaux et paysans. — Il existe encore en Allemagne un certain nombre de domaines seigneuriaux qui ne sont pas subordonnés aux communes limitrophes. Ces domaines doivent être constitués en *Unions de pauvres,* isolément s'ils ont une importance suffisante, ou réunis à d'autres *Unions,* s'ils ne possèdent pas en eux-mêmes les éléments d'un fonctionnement utile. Ces dispositions sont applicables aux *Associations paysannes terriennes,* indépendantes de l'administration communale et qui se gouvernent elles-mêmes librement *ab antiquo.*

Intervention des municipalités et formation des Unions de pauvres. — Comme on l'a vu plus haut, l'administration de l'assistance publique émane des autorités communales instituées par les lois, que ces communes aient ou n'aient pas de représentants élus. En vue de l'administration de l'assistance publique et de la formation des *Unions de pauvres,* les autorités communales peuvent choisir des délégués, soit dans les représentants des communes, soit parmi les habitants. La présidence de ces délégations appartient de droit au bourgmestre, à défaut de bourgmestre, au juge de paix ou à un membre de la municipalité désigné à cet effet.

Caractère gratuit et obligatoire des fonctions de membres des Unions de pauvres. — Nul, s'il est électeur communal, ne peut décliner les fonctions gratuites d'administrateur de l'assistance publique, à moins d'excuses valables. Quiconque voudrait se soustraire à ces fonctions pourrait être privé de ses droits civiques pendant 3 à 6 années, déclaré déchu du droit d'occuper tout emploi honorifique et obligé de payer d'un huitième à un quart en sus des taxes communales auxquelles il est déjà soumis[1].

Délégations. — *Ressources.* — Il sera formé dans chaque district[2] (*Bezirksregierung*) une représentation permanente des *Unions de pauvres* de la région, composée des délégués des communes et des domaines seigneuriaux et paysans. Ces assemblées sont chargées de répartir entre les communes et les domaines les dépenses de l'assistance et de fixer le quantum incombant à chacun d'eux. *C'est ensuite aux communes et aux domaines à pourvoir à l'établissement et au recouvrement des taxes nécessaires pour couvrir les dépenses.*

Domicile de l'assistance.

Tout Allemand malade ou indigent, né sur le territoire de l'Empire, a droit à l'assistance et doit l'obtenir (sur n'importe quel point du territoire) de l'*Union des pauvres* de l'endroit où il se trouve au moment où il a besoin de secours. Aucune *Union de pauvres* ne peut refuser assistance à un malade ou à un indigent, *quelle que soit son origine,* sauf le droit de recours à exercer par la première contre l'*Union de pauvres* de l'endroit où l'assisté a son domicile légal. Cette question du domicile légal est si importante qu'elle a donné son nom à la loi qui est intitulée, comme on l'a vu : *Loi sur le domicile de l'assistance* (*Unterstützungswohnsitz-Gesetz*).

1. En vue d'arriver à une bonne distribution des secours, la plupart des municipalités allemandes nomment des délégués de l'assistance publique en nombre suffisant pour que chacun d'eux n'ait à s'occuper que de 5 à 6 familles de pauvres. C'est ainsi que dans la ville de Cologne, par exemple, il y a 600 de ces délégués *administrateurs des pauvres.* A Leipzig plus de 400, à Berlin plus de 2,000 !

2. Le *Bezirksregierung* correspond à peu près à nos arrondissements français.

Voyons donc comment s'acquiert ce domicile.

Possession et acquisition du domicile de l'assistance. — Il s'acquiert de trois manières : par séjour, mariage et origine.

1° Par séjour. L'individu qui, après l'accomplissement de sa 24e année, a eu son domicile habituel dans la circonscription d'une *Union de pauvres* pendant deux années y acquiert le domicile de l'assistance.

2° Par mariage. La femme, du jour de son mariage, a le domicile d'assistance de son mari.

Les veuves et les femmes séparées judiciairement conservent le domicile de l'assistance.

3° Par origine. Les enfants légitimes et ceux qui jouissent des mêmes droits ont le domicile d'assistance du père et le conservent après la mort de celui-ci. Si la mère survit au père, ils ont le domicile de la mère. En cas de séparation des époux, les enfants légitimes ou ceux que la loi place sur le même pied partagent le domicile de la mère, si l'éducation des enfants est attribuée à celle-ci.

Les enfants illégitimes partagent le domicile d'assistance de leur mère.

Perte du domicile de l'assistance. — Art. 22. Le domicile de l'assistance se perd par l'acquisition d'un autre domicile, par l'absence non interrompue de deux années après l'accomplissement de la 24e année.

Art. 23. — Le délai de deux ans court du jour où l'absence a commencé.

Cependant l'absence ne commencera pas du moment de l'entrée dans un hôpital, dans un asile ou dans une maison de santé. Dans les endroits où le changement du lieu de séjour a lieu à des époques déterminées par les lois ou par les usages traditionnels pour les domestiques de la ville ou de la campagne, les *économes*, fermiers ou autres locataires, l'époque *habituelle* du départ est considérée comme le commencement de l'absence, à moins qu'il ne se soit écoulé entre cette date et le jour où l'absence a réellement commencé, un délai dépassant sept jours.

Art. 24. — Si l'absence est occasionnée par des circonstances excluant toute liberté de choix de séjour, le délai de deux ans ne commencera à courir que du jour où ces circonstances n'existeront plus.

Si ces circonstances se produisent après que l'absence a commencé, dans ce cas et pendant toute leur durée, le délai de deux ans cesse de courir.

Art. 25. — Le retour ne sera pas considéré comme une interruption de l'absence s'il résulte des circonstances que l'intention de continuer le séjour n'existe pas.

Art. 26. — La nomination ou la translation d'un ecclésiastique, d'un instituteur, d'employés publics ou privés, ainsi que des personnes servant dans l'armée fédérale ou dans la marine de guerre, quand leur nomination ou leur déplacement n'ont pas lieu *uniquement* pour l'accomplissement de leur devoir militaire, ne seront pas considérées comme une circonstance excluant la liberté dans le choix du séjour.

Art. 27. — Le délai de deux ans est interrompu pendant la durée de l'assistance publique donnée par une *Union de pauvres*.

Il est interrompu par la proposition faite par une *Union de pauvres*, basée sur les dispositions de l'article 5 de la loi relative à la *liberté de circulation*, du 1er novembre 1867, en vue de faire reconnaître par une autre *Union de pauvres* l'obligation pour celle-ci de reprendre un indigent. L'interruption commence du jour où la demande a été adressée à l'*Union de pauvres* que cela concerne ou à l'autorité préposée d'une des *Unions de pauvres* intéressées.

L'interruption sera considérée comme n'ayant pas eu d'effet si la demande n'a pas été poursuivie dans un délai de 2 mois, ou si elle n'a pas eu de résultat.

Devoirs et droits des Unions de pauvres.

Devoirs. — Indépendamment de leur obligation de secourir ou d'assister tout malade ou indigent, les *Unions de pauvres* sont tenues de supporter certaines charges, notamment :

Les Unions locales sont tenues de faire donner des soins et d'assister *gratuitement* les gens en service, les ouvriers, compagnons, aides, apprentis, *s'ils tombent malades dans la circonscription de ces Unions et ce pendant un délai de six semaines*. Elles n'auront droit, dans ce cas, à un remboursement de la part d'autres unions que pour les frais et les soins résultant d'un séjour dépassant six semaines. De même, elles n'auront le droit de faire reprendre l'indigent malade qu'après ce même délai de six semaines.

Les *Unions provinciales de pauvres* sont tenues de leur côté, sur une décision de la police, de placer dans une maison de travail les personnes arrêtées sur leur territoire, condamnées à l'emprisonnement et soumises, à l'expiration de leur peine, à la surveillance de la police.

Les frais des soins nécessaires à donner à ces condamnés, le coût des vêtements et les dépenses de sépulture, s'il y a lieu, sont également à la charge des Unions provinciales, si ces frais ne sont pas couverts par le produit du travail imposé aux condamnés.

Les Unions provinciales ont le droit de se charger directement des frais de l'assistance publique relatifs à l'assistance des aliénés, des idiots, des sourds-muets, des infirmes et des aveugles. Les sociétés ou les *Unions de pauvres* qui, *jusqu'ici*, ont pourvu d'une manière suffisante à l'assistance qui doit être directement donnée à diverses catégories d'assistés ne pourront être obligées, contre leur volonté, à participer à l'établissement d'*Unions* ou de contribuer aux dépenses de celles-ci. Tous titres ou dispositions légales obligeant à l'assistance les *Unions locales* et les *Unions provinciales* restent d'ailleurs en vigueur. Les Unions provinciales sont tenues d'assister les pauvres sans domicile légal. Il en est de même pour les institutions d'assistance et de secours déjà existantes dans certaines contrées ; mais toutes les obligations d'assistance *de l'État* sont abrogées, sauf celles qui résultent de titres légaux particuliers.

Droits. — Le montant des frais dont les *Unions de pauvres* pourront exiger le remboursement, sera fixé d'après les usages du lieu où l'assistance a été donnée. Les frais généraux et les honoraires des médecins ayant un traitement fixe n'entreront pas en ligne de compte. Il sera établi des tarifs pour le prix des soins donnés dans une maison de santé ou dans un hôpital.

Assistance des Allemands sans domicile d'assistance. — Assistance des étrangers. — Les Allemands indigents n'ayant pas de domicile d'assistance sont à la charge de l'État fédéral où l'assisté a eu son dernier domicile d'assistance. Les étrangers recevront provisoirement l'assistance de l'*Union des pauvres* dans la circonscription de laquelle ils ont eu besoin d'être secourus. L'État fédéral auquel appartient l'Union des pauvres qui a fourni les secours devra lui tenir compte de ses débours.

Contestations entre les Unions de pauvres. — Juridiction.

Délégation pour l'indigénat. — Les contestations qui pourront être élevées contre les unions de pauvres prussiennes par des unions allemandes, seront jugées en première instance par un tribunal spécial portant le nom de *Délégation pour l'indigénat,* institué pour chaque province ou pour un ou plusieurs districts et qui aura son siège au chef-lieu de la province ou des districts, et sera composé d'un juge, d'un fonctionnaire administratif et de trois autres membres nommés par la députation provinciale. En dehors de ces contestations entre Prussiens et autres Allemands, tous les litiges sont jugés conformément aux lois de chaque État fédéral.

Office fédéral de l'indigénat. — Il a été établi en outre à Berlin, sous le nom d'Office fédéral de l'indigénat, un tribunal supérieur *spécial,* chargé de trancher définitivement en appel toutes les contestations relatives à l'exécution des lois sur l'assistance publique. Ce tribunal ou cour suprême est composé d'un président et de 4 juges au moins, nommés à vie par l'Empereur sur la présentation du Conseil fédéral (*Bundesrath*). Je n'entrerai pas dans les détails de la procédure à suivre devant ces tribunaux en première instance et en appel ; elle est d'ailleurs minutieusement indiquée dans la loi.

Étendue de l'obligation de l'assistance publique.

Après avoir fait connaître sommairement et d'une manière aussi claire qu'il m'a été possible l'organisation de l'assistance obligatoire en Allemagne, il est nécessaire de dire l'étendue de cette assistance et à quels secours ont droit les malades et les indigents.

Il suffit pour cela de traduire textuellement l'article 1er de la loi du 8 mars 1871, lequel est ainsi conçu :

« L'*Union de pauvres* (*Armenverband*) tenue d'assister un indigent, doit fournir à tout indigent un asile, les moyens de subsistance indispensables, le traitement et les soins nécessaires en cas de maladie et, en cas de décès, une sépulture décente.

« L'assistance pourra, suivant les cas et aussi longtemps qu'elle sera réclamée, être donnée dans une maison de pauvres (*Armenhaus*) ou dans un hospice et au moyen d'une occupation fournie à l'indigent, qui soit en rapport avec ses forces et ses facultés, soit dans l'intérieur de la maison, soit en dehors de ces établissements. Les *Unions de pauvres* ne sont tenues à aucune rémunération pour les secours religieux et les sacrements administrés à un indigent. »

Cet article n'était pas susceptible d'abréviation. On voit, après l'avoir lu, que tous les secours qu'il est nécessaire de donner ont été prévus.

On doit, dit la loi, fournir à l'indigent les moyens de subsistance *indispensables*. Indispensables! mais il faut bien peu de nourriture pour empêcher un homme de mourir de faim. Sans doute, on ne doit pas le superflu aux indigents; ce serait un encouragement direct à la fainéantise; mais encore leur doit-on le nécessaire. On verra tout à l'heure qu'il est permis de supposer qu'en Allemagne le nécessaire même strict n'est pas toujours fourni aux pauvres. Et en effet, l'Allemagne est infestée de vagabonds. La mendicité et le vagabondage y sont devenus un véritable fléau auquel on essaie de porter remède. Sur divers points du territoire, on a organisé des chantiers, des ateliers où les vagabonds peuvent se livrer à des travaux n'exigeant pas de connaissances spéciales comme, par exemple, de casser des pierres ou de fendre du bois.

Dans certaines campagnes, on a établi des stations où l'on distribue des secours en nature aux pauvres qui voyagent. C'est le Wurtemberg qui a pris l'initiative et, à un certain moment, on a compté plus de mille stations de ce genre dans tout l'Empire d'Allemagne. Mais ce chiffre, tout considérable qu'il est, est insuffisant et il aurait fallu, pour atteindre le but qu'on se proposait, couvrir le territoire allemand tout entier de stations de secours distantes les unes des autres de quelques heures de marche seulement. On y est parvenu sur quelques points de l'Allemagne du Sud, du Centre et de la Westphalie; mais, dans le reste du pays, ces stations ont été des oasis fort éloignées; dans les provinces de l'Est, il s'en trouve à 2 ou 3 jours de marche.

Enfin, on avait imaginé de fonder des colonies de travail, presque exclusivement agricoles, destinées à accueillir les gens sans ressources et qui ne pouvaient trouver de travail. C'est un ecclésiastique de Westphalie, M. de Bodelschwing, qui a pris l'initiative de la fondation de ces colonies. Leur établissement est dû uniquement à la charité privée. A l'heure qu'il est, 16 colonies de ce genre fonctionnent en Allemagne.

Elles peuvent ensemble abriter 1,857 individus. La colonie de Wilhelmsdorf, avec 200 places, a reçu, depuis 1882, 4,317 personnes.

Mais on n'est pas rassuré sur l'avenir de ces colonies agricoles; elles ont de la peine à fournir du travail aux colons; puis, comme c'était à prévoir, certains individus vont d'une colonie à l'autre, se faisant héberger pendant un hiver dans une colonie et pendant l'été dans une autre. J'emprunte ces détails à un article très intéressant publié dans le *Journal des Débats* du 1er septembre 1888 par M. Arthur Raffalovich, sur *la Mendicité et le vagabondage en Allemagne*. Les efforts multiples faits dans ce pays pour guérir la plaie du vagabondage prouvent la gravité du mal. En dépit de ces institutions, en dépit de l'assistance obligatoire, l'Allemagne est infestée de vagabonds et de mendiants. Certaines personnes en évaluent le nombre à 200,000. C'est le chiffre indiqué par le pasteur Stoursberg, de Dusseldorf, dans une brochure sur les mendiants. Ce chiffre, équivalant à près de 1/2 p. 100 de la population allemande, a été très discuté en Allemagne. Il n'en demeure pas moins certain que le nombre des mendiants et des vagabonds y est considérable. Il est probable qu'il y a parmi eux bien des vicieux et beaucoup de réfractaires au travail, mais combien y a-t-il aussi de misérables victimes du sort !

La loi, ainsi qu'on l'a vu, règle minutieusement les rapports des *Unions de pauvres* entre elles et les moyens de terminer leurs conflits. D'après ces règlements, et sur la proposition d'une *Union de pauvres* tenue à assister un indigent, le mari, la femme, les parents légitimes, la mère (illégitime) naturelle, ainsi que les enfants légitimes, et par rapport à la mère, les enfants naturels peuvent être forcés de fournir à l'indigent, en proportion de leurs obligations légales, les secours courants nécessaires, par décision motivée administrative, après audition des parties intéressées. Ils peuvent même être contraints de rembourser les avances faites pour secours ; mais le jugement de ces questions ne dépend pas de l'administration, mais des tribunaux ordinaires, à moins qu'il ne s'agisse de compensations à fournir à une autre union de pauvres.

Enfin, l'indigent ne peut faire valoir son droit à l'assistance auprès de la justice ordinaire, mais seulement auprès de l'autorité administrative, laquelle a le devoir de n'admettre aucunes réclamations ayant pour objet d'obtenir au delà du strict nécessaire[1].

Enfin, je crois nécessaire, après avoir exposé les principales dispositions de la loi sur l'assistance obligatoire et des règlements adminis-

---

1. Le règlement emploie l'adjectif *Nothdürftige* qui signifie, d'après les meilleurs dictionnaires : strict nécessaire, *à peine suffisant*, indispensable.

tratifs, de dire quelques mots de la loi sur la *liberté de circulation et de séjour*, du 1er novembre 1867 (*Freizügigkeit-Gesetz*), qui donne aux communes la faculté d'expulser de leur territoire, dans certaines conditions, les indigents et les incapables de travail.

Avant 1867, il n'était pas permis, même à un Allemand, d'exercer son commerce ou son industrie dans tous les États de la Confédération germanique. Dans certaines villes et notamment dans les villes libres, il fallait pour cela obtenir le droit de bourgeoisie, qui ne s'acquérait que par mariage avec une femme du pays, moyennant une somme d'argent assez considérable et après plusieurs années de séjour. Il est à ma connaissance personnelle qu'à Francfort-sur-le-Mein, la taxe de bourgeoisie s'élevait à plusieurs milliers de florins.

La loi sur la liberté de séjour a fait cesser ces anomalies et a donné le droit à tout Allemand faisant partie de la Confédération, de séjourner, de s'établir, d'exercer son commerce ou son industrie sur le territoire entier de l'Allemagne.

Il a été apporté néanmoins à ce droit certaines restrictions qui sont indiquées dans les articles 3, 4 et 5 de la loi, dont voici la traduction littérale :

Art. 3. — Il n'est rien changé aux dispositions des lois qui donnent la faculté à l'autorité de police (*Polizeibehörde*) de limiter le droit de séjour des personnes ayant subi des condamnations pénales (*Bestrafte Personen*).

Le séjour dans tout État de la Confédération peut être refusé par la police du pays aux personnes soumises à des limitations de séjour de cette nature ou qui, dans un État confédéré, dans l'espace des douze derniers mois, ont été condamnées pour récidive de mendicité et de vagabondage.

Les lois particulières et les privilèges des localités ou cercles leur permettant des limitations de séjour sont abrogés.

Art. 4. — La commune n'a le droit d'interdire le séjour à un nouvel arrivant que si elle peut prouver qu'il n'a pas les forces suffisantes pour pourvoir d'une manière indispensable à sa propre subsistance et à celle des siens incapables de travailler, et s'il ne peut le faire avec ses propres ressources, ou s'il ne reçoit pas sa subsistance d'une personne (parente) *à ce obligée légalement*. Les lois des États confédérés auront la faculté de limiter les droits des communes susénoncés.

L'appréhension d'un appauvrissement futur n'autorise pas l'autorité communale à interdire le séjour.

Art. 5. — (Le plus important.) Si la nécessité d'assister le nouvel arrivant se produit avant qu'il ait acquis le domicile de l'assistance et si la commune prouve que l'assistance est devenue nécessaire par des motifs autres qu'une incapacité temporaire de travail, dans ce cas, la continuation du séjour peut être refusée.

L'ASSISTANCE PUBLIQUE EN BAVIÈRE

(Loi du 1er juillet 1869.)

Ce qui donne à la loi bavaroise son caractère particulier, c'est qu'elle ne détermine pas, comme la loi prussienne, un domicile quelconque d'assistance.

Tout sujet bavarois a son indigénat d'origine (*seine ursprüngliche Heimath*) dans la commune où ses parents ont ou ont eu, en dernier lieu, le droit d'indigénat. Les enfants légitimes ont l'indigénat de leur père ; les illégitimes, celui de leur mère.

Les enfants légitimés, adoptés pleinement ou élevés dans la famille comme enfants de plusieurs lits, ceux qui sont nés d'un mariage putatif, sont assimilés aux enfants légitimes.

Les enfants issus d'un mariage que la loi ne reconnaît pas, d'après le droit civil, ont l'indigénat de leur mère aussi longtemps que dure l'invalidité du mariage. Les fonctionnaires à demeure et les serviteurs de l'État, de l'église, de la commune, d'une corporation publique ou d'*une fondation* (*Stiftung*) acquièrent l'indigénat dans la commune où ils sont occupés, les instituteurs dans la commune où est l'école, les officiers et ceux qui ont rang d'officiers et employés à poste fixe, dans la commune de leur garnison ou de leur emploi. Les hommes qui, en contractant un mariage civil valable, possèdent encore leur indigénat d'origine, acquièrent le domicile où le mariage a eu lieu comme indigénat fixe.

Les femmes en se mariant acquièrent l'indigénat de leur mari.

Les veuves ont l'indigénat du mari.

La femme divorcée ou séparée conserve l'indigénat du mari.

Le droit d'indigénat peut s'acquérir avec le droit de bourgeoisie, quand on est majeur, *après cinq années de séjour dans une commune.*

Les communes ont le droit d'établir une taxe d'obtention de l'indigénat, dont le *maximum* est fixé à :

48 florins	(100 fr.),	pour une commune de plus de	20,000 âmes
36 —	(75 fr.)	—	5,000 —
24 —	(50 fr.)	—	1,500 —
12 —	(25 fr.)	les petites communes.	

La taxe peut être doublée pour les non-Bavarois.

Il résulte de ce qui précède que l'assistance publique en Bavière ne reconnaît pas de domicile d'assistance, et qu'elle n'est basée que sur l'origine de l'assisté. *Ainsi, et sauf certaines exceptions indiquées plus loin, la commune qui a fourni l'assistance est en droit de réclamer les dépenses d'assistance qu'elle a faites à la commune où est né l'assisté, quelle que soit d'ailleurs l'époque à laquelle celui-ci a quitté son pays d'origine.*

Un mot maintenant sur la manière dont se perd l'indigénat ; il se perd :

1° Par l'acquisition de l'indigénat dans une autre commune bavaroise ;

2° Par la perte de l'indigénat *bavarois,* par exemple, par un établissement définitif dans un pays étranger (non allemand).

Voilà donc une différence essentielle avec la loi prussienne dite : la loi sur le domicile de l'assistance.

En voici une autre bien importante :

Elle a pourvu *efficacement* (ce que la loi de Prusse n'a pas fait d'une manière suffisante, on le verra plus loin) au cas où les ressources des communes sont insuffisantes pour couvrir les frais d'assistance ; elle indique le moyen pratique pour obtenir ce résultat.

Une commune surchargée doit recevoir l'aide du district, et si le district lui-même est hors d'état de pourvoir aux dépenses, c'est le cercle (*Kreis*) qui doit fournir les subsides nécessaires. C'est donc l'assistance étendue de la commune au district et du district au cercle. Un représentant du gouvernement central, un préfet (*Landrath*), est chargé de veiller à l'exécution des prescriptions de la loi.

Une des dispositions les plus remarquables de la loi bavaroise est certainement celle-ci.

Les communes sont autorisées à prélever une taxe qui ne doit pas dépasser 10 cent. par semaine (3 *kreutzer*) sur tous les domestiques, ouvriers, compagnons, apprentis, journaliers, employés dans l'industrie ou autrement qui ne sont pas nés dans la commune d'assistance. L'administration communale peut exiger la même taxe de la même catégorie de personnes ayant le droit d'indigénat, s'ils n'ont pas un ménage ou s'ils demeurent chez leurs parents.

Les personnes ainsi obligées à la taxe acquièrent, dès qu'elles ont fait la déclaration réglementaire à l'autorité communale, le droit à l'assistance en cas de maladie, aux secours médicaux et aux médicaments, mais seulement pendant 91 jours.

Les taxes ci-dessus peuvent être exigées par avance pour trois mois. Les *maîtres et les patrons* sont *responsables du paiement desdites taxes.*

Ces taxes sont versées dans la caisse des pauvres ou, si l'administration communale le préfère, dans une *caisse spéciale d'hôpital,* qui dès lors doit supporter les frais en question.

Les secours donnés aux malades en vertu de ces dispositions ne sont pas assimilés à une assistance publique des pauvres.

Enfin, les grands industriels et usiniers qui occupent en même temps un grand nombre d'ouvriers, peuvent être obligés, sur la proposition du conseil de l'assistance des pauvres, par l'administration communale, à faire soigner eux-mêmes leurs ouvriers malades. Ces grands industriels et usiniers sont autorisés à fonder dans ce but une caisse de secours de malades et à prélever une contribution sur le salaire de leurs ouvriers. On pourrait croire qu'à cet égard la loi bavaroise a inspiré certaines dispositions de la loi des assurances contre les maladies (loi d'empire du 15 juin 1883).

Pendant tout le temps que ces usiniers et industriels pourvoient aux soins de leurs ouvriers malades, ils sont affranchis de la taxe de 0 fr. 10 c. par semaine mentionnée ci-dessus.

Étendue de l'Assistance publique. — Dispositions générales.

D'après la loi du 1er juillet 1869, en Bavière, l'assistance publique a pour objet de secourir les personnes qui ont besoin d'être assistées, et de combattre l'appauvrissement (*der Verarmung entgegen zu wir-*

ken). Sauf la participation de l'État, prévue par les lois, l'assistance incombe aux communes politiques, aux *communes de districts et de cercles*.

Ne sont considérés comme indigents que ceux qui, faute de moyens ou de forces, ou par suite d'un cas spécial de pénurie, sont hors d'état de se procurer ce qui est indispensable pour la conservation de l'existence ou de la santé.

L'assistance publique n'accorde de secours que dans les cas d'indigence prouvée et si le nécessiteux ne peut obtenir l'assistance *des personnes que la loi oblige à les alimenter, ou des institutions de charité privées*.

Les personnes qui avaient des moyens d'existence ou qui, depuis qu'elles ont reçu des secours, ont acquis des biens leur permettant de subsister, cinq années après avoir été assistées, seront tenues de restituer la valeur de ce qu'elles auront reçu. Les personnes obligées légalement à l'assistance d'un indigent peuvent être condamnées par justice à la restitution des secours fournis à ceux qu'elles auraient dû assister.

L'assistance publique est limitée à l'indispensable pour la conservation de l'existence et de la santé. Celui qui reçoit l'assistance est obligé d'accepter, soit à l'intérieur des maisons de secours, soit au dehors, un travail ou des occupations en rapport avec ses facultés.

Les organes de l'assistance publique sont autorisés à édicter avec l'approbation des autorités, des mesures ou des dispositions disciplinaires pour les maisons pauvres et les institutions placées sous leur surveillance.

Assistance locale. — Devoirs et droits des communes.

Dans la circonscription de toute commune politique, il y a une « Assistance locale des pauvres », dont les affaires sont gérées par « un conseil de l'assistance des pauvres » formé par les soins des municipalités.

L'obligation de l'assistance existe d'abord pour les personnes indigentes nées dans la commune ou possédant l'indigénat, en tant que, d'après les lois, ce devoir n'incombe pas à l'État ou à une caisse de secours.

Conformément aux dispositions de la loi, « l'assistance communale » est tenue :

1° De donner aux personnes partiellement ou totalement incapables de travailler, la nourriture indispensable à l'existence, vêtements, domicile, chauffage et soins ;

2° De procurer aux malades les secours médicaux, les soins et les médicaments, et en particulier de placer dans des maisons d'aliénés les malades d'esprit qui manquent d'appui et de soins et ne peuvent être surveillés ;

3° De faire enterrer les indigents, mais sans être tenue de supporter aucuns frais religieux (*droit d'étole*) ;

4° Enfin, de faire donner aux enfants pauvres, aux enfants trouvés ou abandonnés, l'instruction nécessaire et l'*éducation*.

Les personnes capables de travailler n'ont aucun droit à l'assistance publique ; *cependant l'Assistance des pauvres, en cas de nécessité urgente et momentanément, leur accordera des secours dans l'intérêt de la sécurité publique et des bonnes mœurs.*

Si l'on compare les obligations d'assistance imposées par la loi bavaroise avec les prescriptions de la loi prussienne, on voit que l'avantage n'est peut-être pas pour cette dernière.

Les domestiques, ouvriers, apprentis ou journaliers qui servent ou qui travaillent dans une commune qui n'est pas le lieu de leur naissance, seront secourus par l'assistance de la commune où ils seront tombés malades, *même s'ils habitent une autre commune.*

Si la maladie dure plus de 90 jours, et si le besoin d'assistance continue, dans ce cas, la commune où est né le malade est tenue de le reprendre ou de rembourser les dépenses résultant de la continuation de la cure.

Les frais occasionnés par l'assistance des malades d'esprit indigents ou des femmes en couche doivent être supportés entièrement par la commune d'origine de ces personnes.

En outre, chaque commune est tenue, dans les limites fixées par la loi et indiquées ci-dessus, d'assister les indigents dont le pays d'origine est inconnu ou contesté, auxquels la commune qui y est obligée, ou la caisse publique refuse l'assistance, jusqu'à ce que le pays d'origine ou les obligés à l'assistance aient été déterminés administrativement. Chaque commune est en outre obligée d'assister les étrangers qui ont besoin de l'assistance nécessaire et qu'on ne peut différer, pendant leur séjour dans la commune, et de leur fournir les moyens indispensables de retour dans leur pays.

De payer les frais d'enterrement des étrangers indigents ou des cadavres, sans être tenue cependant à aucuns frais religieux.

Pour se couvrir des dépenses ci-dessus, la commune a le droit de réclamer à la commune d'origine tenue à l'assistance du malade ou de l'indigent ; mais elle ne peut réclamer que les dépenses absolument nécessaires.

Si les malades sont des personnes soumises à l'assurance obligatoire, la caisse à laquelle elles appartiennent (loi du 15 juin 1883) est tenue de les secourir pendant 91 jours pleins. Si la nécessité des soins continue, la commune d'origine est obligée de reprendre le malade, ou de payer les dépenses continuant à courir.

Si les personnes étrangères assistées ont payé des impôts pendant leur séjour dans la commune, celle-ci ne pourra réclamer d'indemnité à la commune d'origine que si l'assistance ou les soins donnés à ces personnes ont duré plus de 14 jours.

La commune pourra également s'adresser, pour les indemnités auxquelles elle a droit, à l'État ou à toute caisse publique, si ceux-ci sont obligés à l'assistance. Les réclamations contre des pays étrangers ont lieu conformément aux traités internationaux.

Si ces traités excluent tout droit à une indemnité, ou si les réclamations sont infructueuses, la commune a le droit d'adresser les réclamations au gouvernement de la Bavière.

Les communes sont tenues de prendre toutes les dispositions nécessaires à l'assistance des pauvres, elles ont le droit de s'entendre dans ce but avec d'autres « Assistances », ou établissements de bienfaisance, sociétés, ou même avec des particuliers dans la commune ou dans d'autres localités du royaume.

Les ressources de l'assistance consistent :

1° Dans les biens des communes affectés à l'assistance publique ;

2° Dans les fondations de charité locales ;

3° Dans les revenus assignés par les lois au soulagement des malades et des indigents ;

4° Dans les taxes locales déjà existantes, ou à établir légalement sur les fêtes nuptiales, dans les établissements publics, sur les bals, réjouissances publiques, courses de chevaux, concerts (productions musicales), représentations théâtrales ou spectacles de toute nature ;

5° Dans les subventions régulières ou extraordinaires de la caisse communale ou d'autres caisses publiques ;

6° Dans les dons destinés aux dépenses courantes, aux legs testamentaires, dans les collectes, quêtes, loteries, restitutions et autres revenus extraordinaires.

Si ces ressources ne suffisent pas, il sera pourvu au surplus de la dépense d'après les règlements de la commune relatifs aux moyens de couvrir les dépenses.

Dans les communes rurales, l'assistance des pauvres peut être, *dans une proportion équitable,* imposée à tout habitant ayant une existence indépendante, d'après un ordre déterminé, si le conseil de la commune et le conseil de l'assistance des pauvres en décident ainsi. Ces dispositions toutefois ne peuvent être appliquées aux enfants qui n'ont pas encore fait leur temps d'école obligatoire, aux malades ou aux personnes dangereuses pour la sécurité publique.

Maintenant, au-dessus de l'assistance publique donnée par la commune et administrée par des conseils d'assistance publique (ce que nous nommerions des bureaux de bienfaisance), il y a *l'assistance publique du district*[1] *et l'assistance publique du cercle. L'assistance du district doit pourvoir aux charges de l'assistance des communes surchargées* (Ueberbürdeten), *et l'assistance du cercle aux charges de l'assistance du district surchargé. Ce sont en outre les districts et les cercles qui doivent pourvoir à l'entretien et à l'établissement de maisons de bienfaisance, d'hôpitaux pour les malades, les aliénés, les orphelins, les sourds-muets, aveugles, etc., etc., la fondation de caisses de prêts et d'épargne.*

Les dépenses sont couvertes au moyen de ressources diverses, et si ces ressources sont insuffisantes, par des contributions imposées aux districts et aux cercles. « *L'assistance publique des cercles* » *est du ressort des préfets* (*Landräthe*) et des conseils de préfecture. Les préfets décident, dans l'assemblée ordinaire annuelle des conseils, dans quelles proportions les districts des cercles sont surchargés et de quelle subvention les cercles ont besoin.

En outre, l'assistance publique est placée en Bavière sous la direction supérieure et sous la surveillance d'autorités administratives constituées d'après les lois pour exercer la surveillance de l'État sur les affaires des communes.

---

1. Le district équivaut à peu près à l'arrondissement et le cercle au département.

Palatinat bavarois.

Le droit d'indigénat peut être acquis dans toute commune du Palatinat par une déclaration faite au maire de la volonté de s'établir et en outre par le paiement d'une taxe spéciale qui ne peut dépasser 100 florins (210 fr.).

Ces conditions remplies, l'indigénat est acquis en vertu de la loi.

Dans le délai d'une année après l'obtention de l'indigénat, le conseil municipal a le droit de priver de l'indigénat le nouvel arrivant s'il a réclamé ou reçu dans cet espace de temps l'assistance publique comme indigent.

La personne que cela concerne, ainsi que l'ancienne commune, ont le droit de réclamer contre cette décision du conseil communal pendant 14 jours.

La conséquence de ce qui précède, c'est que les communes du Palatinat ont le droit de réclamer les dépenses qu'elles font pour secourir un malade ou un indigent qui ne possède pas l'indigénat palatin, à la commune d'origine de celui-ci.

Résumé.

On trouvera dans les tableaux statistiques ci-après les résultats obtenus dans le royaume de Bavière par l'application de la loi spéciale qui le régit ; pour le moment, je veux seulement relever deux choses qui me paraissent principales, surtout pour l'assistance donnée *dans les petites communes* de la Bavière :

1° Toute commune qui assiste un malade ou un indigent a le droit de réclamer les dépenses qui en résultent pour elle à la commune d'origine (*Heimath*) de la personne secourue ;

2° Si l'origine de cette personne ne peut être établie, c'est l'État qui est tenu d'indemniser la commune ;

3° Si les communes ne possèdent pas les ressources suffisantes pour remplir les obligations d'assistance qui leur sont imposées par la loi, ce sont les districts (*Districtgemeinden*) qui doivent venir au secours des communes surchargées (*überbürdeten*), etc. ;

4° Si les districts sont eux-mêmes surchargés, c'est aux cercles

(*Kreise*) à pourvoir au déficit. Les préfets (*Landräthe*) sont chargés d'assurer l'exécution de ces dispositions de la loi. Ce sont donc toujours les communes qui dispensent directement l'assistance; et, en cas d'insuffisance de leurs ressources, les districts et les cercles leur accordent des subventions en argent;

5° L'État doit supporter les frais de l'assistance donnée à des personnes dont le pays d'origine n'a pu être connu, ou aux étrangers au royaume; mais les communes *sont tenues* de secourir et d'assister les uns et les autres au moment où le besoin d'être soignés ou assistés se fait sentir, sauf leur recours contre l'État, qui est de droit.

STATISTIQUE DE 1885

Assistés. — Il n'est pas difficile de comprendre quelle situation cruelle crée pour des infirmes ou des malades l'application rigoureuse des dispositions des articles de la *loi sur la liberté de séjour*.

Faut-il après cela s'étonner du nombre considérable des mendiants et des vagabonds en Allemagne ?

Quoi qu'il en soit, il serait vraiment utile, dans un moment où s'agite fortement en France la question d'y rendre l'assistance publique obligatoire, de savoir *si* et *comment* cette loi humanitaire de l'assistance est appliquée en Allemagne et quels effets réels elle produit. La suite de ce travail les fera connaître. Pour la première fois, en 1887, sur l'invitation du prince de Bismarck, chancelier de l'Empire, l'Office impérial de statistique (*Kaiserliches Statistik-Amt*) a publié la statistique de l'assistance publique des pauvres pour l'année 1885. Il est à regretter que cette statistique n'ait pas été établie pour l'exercice 1883. Il est évident que la loi relative à l'assurance obligatoire contre les maladies des ouvriers et aux assurances contre les accidents de fabriques doit avoir une certaine influence sur les dépenses occasionnées aux communes par l'obligation de l'assistance publique. Beaucoup de malades ou de blessés qui étaient secourus par les *Unions de pauvres* sont, depuis le 1er décembre 1883, époque où la loi a été mise en vigueur, assistés par les *Caisses d'assurance contre les maladies, dont les ouvriers sont tenus d'être sociétaires.* Il eût été intéressant de voir quel allégement la création des nouvelles sociétés de secours mutuels obligatoires a pu apporter aux dépenses de l'assistance publique. Celle-ci a le droit, en vertu d'un article 57 de la loi sur les assurances contre les maladies et de l'article de la loi de 1884, relatif aux accidents, de répéter contre les caisses de maladies et les associations de patrons, toutes les dépenses qu'elles ont pu et peuvent faire pour les ouvriers faisant partie de ces associations.

La statistique de l'assistance publique ayant été dressée seulement pour l'année 1885, c'est-à-dire deux ans après que l'application de la loi sur les assurances contre les maladies a dû se faire sentir, toute comparaison est impossible.

Sous cette réserve, la *Statistique de l'assistance* fournit des détails très intéressants sur le nombre des Unions de pauvres urbaines et provinciales, le nombre des assistés, le coût de l'assistance, le nombre des personnes assistées personnellement, celui des personnes qui reçoivent des secours pour elles et pour leurs familles, etc., etc. Je vais donner plus loin les tableaux relatifs à ces divers objets ; mais auparavant, je dois faire une observation très importante.

Au commencement de ce travail, j'ai dit que les deux lois relatives à l'assistance publique avaient été rendues exécutoires sur tout le territoire de l'Empire, sauf en Bavière et en Alsace-Lorraine. *Dans ces deux pays, l'assistance publique est donc demeurée facultative.* En Alsace-Lorraine, les institutions françaises d'assistance ont été conservées; en Bavière, toute commune constitue un district d'assistance (*Armenpflegebezirk*), qui embrasse toutes les branches de l'assistance.

Ces *assistances locales* ne secourent pas seulement les personnes faisant partie de la commune, mais aussi les étrangers qui ont besoin d'être assistés.

L'octroi de l'assistance est subordonné en Bavière à la preuve de l'indigence et au manque d'autre appui ou assistance suffisants. Sous ces réserves, les indigents, les incapables de travail total ou partiel et les malades sont secourus en nourriture, vêtements, habitation, chauffage, soins médicaux, remèdes. Les aliénés sont placés dans des maisons de santé ; les personnes indigentes sont enterrées décemment et gratuitement ; les enfants pauvres reçoivent l'instruction et l'*éducation* nécessaires. Les personnes capables de travailler n'ont aucun droit à l'assistance ; cependant l'administration, en cas de détresse et *dans l'intérêt de la sécurité publique et des bonnes mœurs,* peut fournir momentanément les secours indispensables.

Pour les besoins de la statistique, on a assimilé les communes, en Bavière, et en Alsace-Lorraine, à des *unions de pauvres.*

La comparaison du nombre des assistés, des dépenses occasionnées par l'assistance, etc., dans ces deux pays où l'assistance est facultative, avec les territoires de l'Empire où elle est obligatoire, ne peut manquer d'appeler l'attention.

Pour l'intelligence des tableaux suivants, je dois dire que j'ai donné aux territoires où l'assistance est obligatoire la dénomination de pays d'assistance obligatoire légale. (Cela s'appelle en allemand : Territoires où la loi sur le domicile de l'assistance est en vigueur[1].)

Nombre et population des Unions de pauvres.

	UNIONS DE PAUVRES des :	NOMBRE.	POPULATION.	POPULATION moyenne des unions.
Pays d'assistance obligatoire légale.	Communes urbaines	1,926	14,939,262	7,772
	— rurales	42,080	19,755,452	469
	— domaniales	12,741	1,832,369	144
	— mixtes	4,477	3,314,067	740
	Totaux	61,224	39,871,150	651
Bavière.	Communes urbaines	242	1,506.257	6,224
	— rurales	7,785	3,913,942	503
	Totaux	8,027	5,420,199	675
Alsace-Lorraine.	Communes urbaines	62	514,723	8,302
	— rurales	1,636	1,049,632	642
	Totaux	1,698	1,564,355	921

En résumé, il existe dans toute l'Allemagne 70,949 unions de pauvres ou communes d'assistance pour une population totale de 46,855,704.

1. *Geltungsgebiet des Unterstützungswohnsitz Gesetzes.*

Personnes assistées

PAYS D'ASSISTANCE légale obligatoire.	dans toutes les unions de pauvres.	dans les communes urbaines.	dans les communes rurales.	dans les unions domaniales.	dans les unions mixtes.	TOTAUX.	dans les unions rurales.	PROPORTION par 100 habitants.
Prusse.	953,292	552,179	276,697	52,037	48,948	929,411	23,881	3,37
Saxe (Royaume de). . .	88,602	50,461	20,926	22	16,882	88,291	311	2,78
Wurtemberg.	63,320	32,276	26,318	25	1,410	60,035	3,285	3,17
Bade	68,426	31,671	34,021	»	»	65,692	2,734	4,27
Hesse.	30,199	17,216	12,099	6	»	29,321	878	3,16
Mecklembourg-Schwérin	23,208	13,720	6,422	2,487	»	22,638	570	4,04
Saxe-Weimar	6,799	4,422	1,607	»	»	6,029	770	2,17
Mecklembourg-Strélitz .	7,990	2,169	4,957	333	526	7,985	5	8,12
Oldenbourg	12,753	2,593	9,970	»	»	12,372	381	3,73
Brunswick.	14,510	8,516	5,982	»	»	14,498	42	3;90
Saxe-Meinigen.	4,641	2,556	1,600	13	»	4,169	472	2,16
Saxe-Altembourg . . .	2,922	1,968	934	»	»	2,902	20	1,81
Saxe-Cobourg-Gotha . .	4,548	2,501	1,970	»	»	4,471	77	2,29
Duché d'Anhalt	7,732	5,035	992	19	1,632	7,678	54	3,12
Schwarzbourg-Sondersh	1,382	963	314	»	»	1,337	45	1,88
Schwarzbourg-Rudolst .	1,569	1,093	430	»	»	1,523	46	1,87
Waldeck.	1,643	597	1,009	»	»	1,606	37	2,90
Reuss-Senior.	1,339	1,011	324	»	»	1,335	4	2,40
Reuss-Junior.	2,569	1,616	870	»	»	2,516	53	2,32
Schaumbourg-Lippe . .	657	401	245	2	»	648	9	1,77
Schaumbourg	3,625	973	2,650	»	»	3,623	2	2,94
Lubeck	4,173	3,888	263	»	»	4,171	2	0,17
Brême.	11,329	10,317	998	»	»	11,315	14	6,84
Hambourg.	50,089	44,873	777	»	»	45,650	4,439	9,66
Totaux.	1,367,347	793,084	412,234	54,944	68,954	1,329,216	38,131	3,43
Bavière	151,550	55,458	96,092	»	»	151,550	»	2,8
Alsace-Lorraine	73,489	41,649	24,794	»	»	66,443	7,046	4,70
Totaux généraux pour toute l'Allemagne . .	1,592,386	890,191	533,120	54,944	68,954	1,547,209	45,177	3,40

Le tableau précédent montre que la proportion des assistés est en Prusse de 3.37 p. 100 de la population, et, dans tout l'Empire, de 3.40 p. 100.

A Berlin, le nombre des assistés a été, en 1885, de 87,207, soit 6.63 par 100 habitants; à Hambourg, la proportion s'élève à 9.66, en Bavière à 2.80 et en Alsace-Lorraine à 4.70, toujours par 100 habitants.

Le nombre total des assistés a été, en 1885, de 1,592,386, que la statistique impériale sépare en deux parties : la première catégorie est celle des assistés personnels (*Selbstunterstützten*), c'est-à-dire des chefs de famille et les personnes isolées ; la deuxième catégorie, celle qu'on appelle en allemand des coassistés (*Mitunterstützten*), comprend les femmes mariées vivant avec les chefs de famille, les enfants âgés de moins de quatorze ans et les petits-enfants.

Les assistés personnels sont au nombre de 886,571
soit 1.80 p. 100 de la population, et les coassistés sont au
nombre de 705,815
soit 1.51 p. 100 de la population.

1,592,386

L'assistance est donnée soit à domicile, soit dans des maisons de pauvres, maisons de santé, hôpitaux, hospices, etc. La statistique impériale relève pour 1885 les chiffres ci-dessous. Le premier mode d'assistance se nomme l'assistance ouverte (*Offene Pflege*) et le second, l'assistance fermée (*Geschlossene Pflege*).

	ASSISTANCE fermée.	ASSISTANCE ouverte.
Assistés individuellement	270,038	616,533
Assistés personnels et coassistés.	323,066	1,269,320

Les chiffres qui précèdent montrent que l'assistance ouverte est le mode dominant de l'assistance. Elle comprend 79.7 p. 100 du nombre des assistés et l'assistance fermée ne représente que 20.3 p. 100 de ce nombre. A Berlin, l'assistance fermée est dans la proportion de 37.3 des assistés et l'assistance ouverte dans la proportion de 62.7 p. 100, ce qui représente pour ladite ville 20,552 personnes recevant *l'assistance fermée,* soit 1.56 p. 100 de la population et 34,531 qui reçoivent l'assistance ouverte, soit 2.63 de la population.

La statistique impériale indique aussi dans quelles circonstances les secours sont accordés ; le tableau suivant va fournir sur ce point des informations suffisantes. Les chiffres ci-après s'appliquent à l'Allemagne entière.

CAUSES DU BESOIN de l'assistance.	NOMBRE des assistés individuels.	NOMBRE des consistés.	NOMBRE total des assistés.
Par accident. Lésions et blessures	16,609	15,886	32,495
Par accident. Lésions du soutien de famille	1,503	3,641	5,144
Par accident. Mort du soutien de famille	5,765	9,148	14,913
Mort naturelle du soutien de famille	133,023	140,916	273,939
Maladie de l'assisté et de sa famille	242,698	201,800	444,498
Faiblesse de corps et d'esprit	142,800	54,292	197,092
Faiblesse sénile	196,093	38,859	234,952
Grand nombre d'enfants	21,360	93,786	115,146
Manque de travail	35,427	60,041	95,468
Ivrognerie	13,960	18,461	32,421
Aversion du travail	11,315	11,213	22,528
Autres causes déclarées	65,156	57,058	122,214
Causes non déclarées	865	708	1,573
Totaux	886,571	705,815	1,592,386

Dépenses. — En récapitulant pour toutes les parties de l'Empire les sommes dépensées par l'assistance publique, on trouve pour l'année 1885 un total de 92,452,517 marks (soit en francs, 115,565,646 fr.).

La dépense pour les pays d'assistance obligatoire a été en totalité de 77,908,109 marks, soit 195 marks par 100 habitants ; pour le royaume de Bavière, elle s'est élevée à 10,223,195 marks, soit 189 marks par 100 habitants et pour l'Alsace-Lorraine à 4,321,213 marks, soit à 276 marks par 100 habitants. On peut conclure de ces chiffres que l'obligation de l'assistance n'impose pas de charges plus lourdes aux contrées qui y sont soumises qu'aux pays où l'assistance est facultative. On peut même remarquer qu'en Alsace-Lorraine la dépense par 100 habitants dépasse de 81 marks la depense des pays d'assistance obligatoire. La moyenne pour toute l'Allemagne ressort à 197 marks par 100 habitants, soit environ 2 fr. 50 par tête.

Le tableau ci-après indique la nature de toutes les dépenses de l'assistance par catégorie.

	SECOURS en argent.	SECOURS en nature.	AUTRES frais de l'assistance.	TOTAUX.	DÉPENSES pour soupes, nourriture et argent aux voyageurs[1].
Pays d'assistance légale obligatoire	34,995,486	12,293,695	27,244,074	74,533,255	633,017
Bavière	4,594,714	1,428,658	1,304,751	7,328,123	163,660
Alsace-Lorraine	308,561	2,540,378	1,083,255	3,932,194	15,305

1. Ces dépenses sont comprises dans les chiffres ci-dessus indiqués.

Veut-on maintenant savoir la moyenne des secours distribués aux indigents ? Le tableau suivant nous donnera satisfaction sur ce point.

	NOMBRE des assistés.	DÉPENSES ordinaires.	SECOURS moyen d'un assisté.
1° *Pays d'assistance obligatoire.*			
		marks.	marks.
Unions locales de pauvres	1,329,216	67,312,991	50,6
Unions provinciales de pauvres	38,131	6,587,217	172,8
Totaux	1,367,347	73,900,208	54,0
2° *Royaume de Bavière.*			
Unions locales	151,550	7,161,463	47,3
Unions rurales et locales		9,714,783	61,1
3° *Alsace-Lorraine.*			
Unions locales	66,443	2,660,386	40,0
Unions rurales	7,016	1,256,503	178,3
Totaux	73,459	3,916,889	53,3

Et pour toute l'Allemagne, on a les résultats suivants :

Nombre total des assistés, 1,592,386.

Dépenses ordinaires seulement : 87,531,880 marks, soit en francs, 109,412,236.

Moyenne par individu secouru : 55 marks, soit en francs, 68 fr. 75.

Il serait aussi très intéressant de connaître le chiffre des avances que les unions de pauvres sont tenues, aux termes de la loi, de se faire entre elles. On ne possède encore là-dessus que des données incertaines et approximatives. Les unions de pauvres sont en droit également de réclamer aux caisses d'assurances contre les maladies et aux associations patronales contre les accidents, les dépenses qu'elles sont tenues dans certains cas de faire pour les assurés de ces institutions. Voici les chiffres que je relève à ce sujet dans la statistique impériale :

Les dépenses des unions de pauvres, d'après les comptes, s'élèvent à la somme de.	77,908,109 marks.
auxquels il faut ajouter les avances faites à d'autres unions, soit	6,662,703 —
Ensemble.	84,530,812 marks.
Mais il faut déduire de cette somme les remboursements effectués par d'autres unions . . .	8,606,854 —
Les unions auraient donc, avec leurs propres ressources, distribué la différence.	75,923,958 marks.

Mais ce total est inférieur de 1,984,151 marks à la dépense. Il y a dans la statistique quelques erreurs qui expliquent cette différence et qui seront ultérieurement rectifiées. Le court espace de temps dont on disposait pour établir cette statistique ne permettait même pas d'espérer d'obtenir les résultats auxquels on est arrivé. Je terminerai ce travail en reproduisant le tableau suivant, indiquant la dépense de l'assistance publique. Les chiffres indiqués dans ce tableau sont considérés comme définitifs.

Dépenses faites par les Unions de pauvres avec leurs propres ressources (Chiffres absolus).

	CATÉGORIES DES UNIONS de pauvres.	DÉPENSES ordinaires.	DÉPENSES extraordinaires.	TOTAUX.	PAR 100 habitants. Dépenses ordinaires.	Dépenses extraordres	Totaux.
Pays d'assistance obligatoire légale.	Unions locales de pauvres de communes urbaines. .	40,673,923	1,426,574	42,100,497	272	9	281
	Unions locales de pauvres de communes rurales. . .	16,031,896	770,333	16,802,229	81	4	85
	— domaniales	3,126,850	15,676	3,142,526	171	1	172
	— mixtes. . .	2,316,350	130,287	2,446,637	70	4	74
	Totaux.	62,149,019	2,342,870	64,491,889	156	6	162
	Unions provinciales. . . .	10,400,085	1,031,981	11,432,069	27	3	30
	Ensemble.	72,549,104	3,374,854	75,923,958	182	8	190
Bavière.	Unions locales de communes urbaines.	3,213,105	98,778	7,510,003	213	7	220
	Unions de communes rurales	3,952,146	245,974	2,550,320	101	6	107
	Ensemble.	7,165,251	314,752	10,060,323	132	6	139
Alsace-Lorraine.	Unions de pauvres des communes urbaines	2,139,889	273,801	2,413,693	416	53	469
	Unions de pauvres des communes rurales	506,881	38,411	515,295	48	4	52
	Ensemble.	2,646,773	312,215	2,958,988	169	20	189
	Districts d'assistance, et assistance rurale.	1,262,086	76,804	1,338,890	81	5	86
	Ensemble.	3,908,859	389,019	4,297,878	250	25	275

Récapitulation.

Dépenses des Unions de pauvres dans les pays d'assistance légale obligatoire, ci. . . . . 75,923,958 marks,

Idem en Bavière. . . . . 10,060,323 —

Idem en Alsace-Lorraine . . . . . 4,297,878 —

Total général des dépenses d'assistance publique en Allemagne. . . . . 90,282,159 marks.

soit en francs : 112,852,698. Ce qui pour une population de 46,855,704 individus, porte la dépense de l'assistance publique à 2 fr. 41 c. environ par habitant.

Enfin, peut-être trouvera-t-on de l'intérêt dans un tableau indiquant la population des principales villes de l'Allemagne, le chiffre des sommes que coûte à ces villes l'assistance publique des pauvres et la charge moyenne qu'elle impose aux habitants. Voici ce tableau :

	UNIONS DE PAUVRES urbaines.	RECENSEMENT de 1885.	DÉPENSES ordinaires et définitives.	DÉPENSES par 100 habitants.
Pays d'assistance obligatoire légale.	Berlin	1,315,287	7,318,761	556 marks.
	Breslau	299,640	889,369	297
	Königsberg	151,151	403,473	267
	Hambourg	305,690	1,840,925	602
	Dresde	246,086	1,205,463	490
	Leipzig	170,340	606,721	356
	Francfort-sur-Mein	154,513	694,143	449
	Cologne	161,401	1,114,128	690
	Magdebourg	159,520	350,772	220
	Hanovre	139,731	365,973	262
	Stuttgart	125,901	406,076	323
	Altona	123,352	381,108	310
	Brême	118,395	406,044	344
	Düsseldorf	115,190	319,176	277
	Dantzig	114,865	412,179	359
	Chemnitz	110,817	291,445	263
	Elberfeld	106,499	414,584	389
	Barmen	103,068	322,827	313
	Totaux	4,021,386	17,743,962	
Bavière.	Munich	261,981	697,484	266
	Nürnberg	114,891	391,060	341
Alsace-Lorraine.	Strasbourg	111,987	800,866	715

Voici maintenant les dépenses d'assistance des villes ayant moins de 100,000 habitants :

VILLES DE	NOMBRE.	POPULATION.	DÉPENSES.	PAR 100 habitants.
			marks.	marks.
50,000 à 100,000	2	146,240	393,532	269
20,000 à 50,000	14	380,800	1,116,452	293
10,000 à 20,000	21	290,612	726,245	250
5,000 à 10,000	39	270,340	599,466	222
2,000 à 5,000	72	241,639	439,234	182
Au-dessous de 2,000	22	34,593	55,872	162
Ensemble	170	1,364,224	3,330,801	244

Enfin, à titre de dernière information, je dirai que les contestations entre et contre les unions de pauvres dans les pays d'assistance légale obligatoire se sont élevées, en 1885, à 5,069, portant sur un chiffre total de 487,919 marks.

En Bavière, le nombre des litiges a été de 1,221, portant sur une somme de 83,203 marks.

La statistique impériale ne mentionne pas les litiges en Alsace-Lorraine.

II. — LOIS SOCIALES D'ASSISTANCE; MUTUALITÉS ET ASSOCIATIONS OBLIGATOIRES

1° Assurance contre les maladies. (Loi du 15 juin 1883.)
2° Assurance contre les accidents de l'industrie. (Lois des 6 juin 1884 et 28 mai 1885.)
3° Assurance contre les accidents et les maladies des personnes occupées dans les exploitations agricoles et forestières. (25 mai 1886.)
4° Loi relative à des caisses de retraites pour les vieillards et les invalides du travail. (Loi du 4 mai 1889.)

Imposées par les lois énumérées ci-dessus, les associations mutuelles créées en vertu de ces lois et reposant sur le principe de l'*Épargne obligatoire* ne sont, au fond, autre chose que des institutions d'assistance publique, et doivent à ce titre figurer dans ce travail.

D'après l'annuaire de l'Empire, publié à Berlin en 1888, il existait en Allemagne, à la fin de 1886, près de 20,000 caisses d'assurances contre les maladies, comptant environ 4,600,000 sociétaires. Les recettes ont été de 73 millions de francs (en augmentation de 5 millions sur l'année 1885) qui ont été employés pour 95 p. 100 en frais de maladie.

Les accidents de fabrique ont été au nombre de 102,875 sur un chiffre total de 3,725,313 ouvriers et employés de fabrique, ce qui donne une moyenne de 2.76 p. 100 d'accidents.

89,619 de ces accidents n'ont pas été graves. Comme ils n'ont pas occasionné une interruption de travail de plus de 13 semaines, ils ont été exclusivement à la charge des caisses d'assurances contre les maladies. 10,540 cas plus sérieux ont entraîné des frais de maladie pendant plus de 3 mois, et enfin 2,716 accidents ont été suivis de mort. Les membres survivants des familles des morts, veuves, orphelins, parents dont ils étaient le soutien, ont été au nombre de 5,935.

Les malades, qu'ils aient été victimes d'accidents ou non, ont reçu immédiatement les soins médicaux nécessaires des Caisses d'assurance contre les maladies, de plus une indemnité leur a été allouée pour chaque journée de travail perdue.

Enfin, les 5,935 personnes survivantes des victimes des accidents ont droit à des pensions alimentaires, dont la quotité est fixée par la loi, qui sont servies par les *Associations professionnelles* (assurances contre les accidents).

Si ces institutions n'existaient pas, ces personnes, pour le plus grand nombre du moins, seraient tombées à la charge de l'assistance publique. Voilà pour les ouvriers et les employés occupés dans l'industrie.

Une loi du 5 mai 1886 a étendu l'application de ces lois aux ouvriers et employés, occupés dans l'agriculture et dans l'exploitation des forêts. Par le fait de cette loi, les communes rurales, *où l'assistance publique n'existe qu'à l'état rudimentaire,* vont être obligées de créer des caisses contre les maladies, et devront, si les cotisations des ouvriers et des patrons ne suffisent pas, établir les impositions nécessaires pour obtenir les ressources. En ce moment on s'occupe activement, en Allemagne, de l'organisation de ces caisses. Lorsqu'elles seront définitivement établies, elles compteront, d'après des statistiques faites avec soin, 6,978,579 sociétaires. Si l'on ajoute à ce nombre les 4,570,087 assurés des caisses contre les maladies, déjà existantes, l'Allemagne aura près de 12 millions de personnes, de l'un et l'autre sexe, garanties contre les risques de maladies ou d'accidents *et qui ne seront plus* (à ce titre du moins) *à la charge de l'assistance publique.*

Qu'on veuille bien remarquer également que l'indemnité pour chaque journée de travail, payée à l'ouvrier malade, profite à sa famille, et prévient efficacement *l'appauvrissement* qui est, presque toujours, la conséquence d'une maladie.

Enfin, *comme couronnement de l'édifice,* lorsque les lois établissant des caisses de retraites pour les vieillards et les invalides du travail auront été votées par les deux chambres du Parlement, l'Allemagne aura un système complet et parfaitement lié d'*institutions sociales d'assistance.*

Au premier abord, l'entreprise paraît hardie, audacieuse. Cependant la solution de ces questions n'est pas douteuse pour les Allemands. Le vote des premières lois n'a eu lieu qu'après des délibérations passionnées, qui ont duré plusieurs années. Aujourd'hui les discussions théoriques *sur l'assurance obligatoire* ont cessé; l'expérience a prononcé. Les résultats obtenus et constatés par plusieurs années de pratique ont été reconnus excellents. Les hommes politiques qui avaient combattu ces lois avec le plus de vivacité (notamment les membres du parti progressiste), sont devenus des partisans convaincus de ces *nouvelles institutions d'assistance sociale, basées sur le système de la mutualité obligatoire.*

Par quels procédés maintenant est-on parvenu à appliquer ces lois à un aussi grand nombre de personnes, comment est-on arrivé à réunir les ressources nécessaires pour assurer leur fonctionnement utile? C'est ce que je vais essayer d'expliquer et de faire comprendre. Si je réussis à prouver que ces institutions pourraient être appliquées avec succès dans d'autres pays que l'Allemagne, j'aurai obtenu un résultat qui sera peut-être le seul mérite de ce travail.

1° ASSURANCE CONTRE LES MALADIES DES OUVRIERS

(Loi du 15 juin 1883.)

La loi relative aux caisses d'assurances obligatoires contre les maladies a été votée en 1883. Les caisses fonctionnent depuis 1884 avec un succès inespéré, même par leurs auteurs.

Quand je parlerai de chacune des caisses spéciales d'assurances contre les maladies, j'indiquerai leurs recettes et leurs dépenses. En ce moment je me bornerai aux chiffres suivants :

Les caisses d'assurances contre les maladies existant en Allemagne à la fin de 1886 étaient au nombre de 19,238 ;

Le nombre des membres faisant partie de ces associations s'élevait à 4,570,087, sur lesquels 912,600 appartiennent à des sociétés libres.

Leurs recettes à la fin de la même année ont été de 72,966,393 marcs (soit 91,207,991 fr.) et leurs dépenses se sont élevées à 58 millions 745,488 marcs (73,431,860 fr.) qui ont été distribués aux malades, soit en soins médicaux ou médicaments, soit en argent à titre d'indemnité de maladie (*Krankengeld*), laquelle indemnité profite à leur famille. D'une année à l'autre, l'augmentation des recettes a été de 14,220,995 marcs (17,766,131 fr.) et l'augmentation des membres de ces associations a été 285,914 individus.

Ainsi, dès aujourd'hui, 4,570,087 personnes sont astreintes à l'assurance contre les maladies ; on estime que la loi votée en 1886, applicable aux travailleurs agricoles et forestiers, augmentera ce nombre de 6,978,579[1] individus, en sorte que près de 12 millions de personnes en Allemagne feront partie de ces associations dites : caisses d'assurances contre les maladies.

On sait sur quel principe reposent ces institutions et au moyen de quelles ressources elles fonctionnent ; le principe c'est la mutualité, autrement dit l'assurance ; quant aux ressources, elles sont fournies par l'*épargne obligatoire*, imposée à toutes personnes : ouvriers, compagnons, employés, commis, de l'un ou l'autre sexe, dont les salaires ou les appointements n'atteignent pas annuellement 2,000 marcs (2,500 fr.).

D'après les prescriptions de la loi de 1883, les caisses contre les maladies sont tenues de secourir les malades pendant 13 semaines (91 jours). Si, à l'expiration de ces 13 semaines, la caisse, comme c'est son droit (droit dont elle use rarement, je le sais pertinemment), refuse de continuer d'assister le malade assuré, dans ce cas, il tombe à la *charge de l'assistance publique* ou de l'association patronale des accidents (*Berufsgenossenschaft*) où il est assuré, si la maladie est la conséquence d'un accident survenu pendant le travail.

Au moyen des assurances contre les maladies et contre les accidents, les ouvriers jouissent de cette sécurité que donne la certitude qu'en cas de maladie ils auront immédiatement et gratuitement tous les secours nécessaires, et qu'en cas d'accidents amenant une invalidité partielle ou totale et la mort de la victime de l'accident, eux et leur famille seront assistés efficacement, comme on le verra plus loin.

Mais, dira-t-on, l'invalidité peut avoir une autre cause (une cause naturelle) qu'un accident du travail ; eh bien, la discussion de la loi relative aux caisses de retraites pour la vieillesse et les invalides du travail, destinées à pourvoir à ces éventualités, a commencé récemment au Reichstag. J'ai assisté, pendant mon séjour à Berlin, à deux des séances du Reichstag où la question a été agitée. Le projet du Gouvernement a été finalement renvoyé à l'examen d'une commission spéciale, et tout porte à croire, d'après les dispositions manifestes de l'opinion publique, qu'il sera adopté, sauf de légères modifications,

1. *Manuel de la constitution et de l'administration en Prusse et dans l'empire d'Allemagne*, par le comte Hue de Grais, conseiller intime de Gouvernement, etc., etc. (Berlin, 6e édition, 1888.)

dans le courant de cette année et par le Reichstag et par le Bundesrath (conseil fédéral). Je donnerai plus loin l'analyse du projet en question et des objections qu'il a soulevées.

Une fois ce projet adopté, les gens de petites ressources seront, eux et leurs familles, moyennant une faible contribution mensuelle, garantis contre les éventualités de la maladie, des accidents du travail, de l'invalidité survenue avant l'âge, ou de celle qui résulte de la vieillesse. Quand, au bout d'un certain nombre d'années, ces lois auront donné les résultats bienfaisants qu'on est en droit d'attendre d'elles, il semble que le rôle de l'assistance publique ne sera plus aussi important et que ses dépenses seront diminuées de beaucoup. Diminuées oui, mais non supprimées, car en dehors des cas prévus par les nouvelles institutions, que de misères à soulager! Parmi les personnes, aujourd'hui astreintes à l'obligation de l'assurance, il est certain qu'un grand nombre ne voudraient pas supporter même la pensée de recourir à la charité publique qui les humilie. Mais ces personnes, par fierté, par honneur, n'en souffraient pas moins dans leurs personnes, dans leurs familles. La gêne entrait dans leurs maisons, quelquefois la misère irrémédiable, et à leur suite bien des souffrances et souvent le relâchement des liens de famille, la désorganisation du foyer domestique!

C'est en 1880 ou 1881 qu'il fut question pour la première fois en Allemagne d'assurances contre les maladies et les accidents. Dans un message au Reichtag, l'empereur Guillaume Ier disait « qu'il considérait comme son devoir impérial de recommander au Reichstag de prendre à cœur l'examen de ces lois. Nous jetterions sur le passé, ajoutait-il, des regards d'autant plus satisfaits pour les résultats dont Dieu a si visiblement béni notre règne, si nous avions le bonheur d'emporter avec nous la conscience que nous laisserons, *après nous*, à la patrie des garanties nouvelles et durables de paix intérieure, et aux indigents une plus grande sécurité et une plus *grande abondance dans les secours auxquels ils ont droit*[1].

« L'empereur exprime la conviction que la guérison des plaies sociales ne doit pas être exclusivement cherchée par la répression des excès de la démocratie socialiste révolutionnaire, mais par une amélioration positive du sort des travailleurs. Il faut, dit-il encore, que

1. L'empereur fait ici une allusion évidente aux secours que les communes sont tenues, d'après la loi, de dispenser aux nécessiteux, et à la parcimonie avec laquelle les secours sont donnés par un grand nombre de communes.

l'État s'occupe plus qu'il ne l'a fait jusqu'ici des citoyens indigents. Ce n'est pas seulement un devoir d'humanité et de christianisme dont les pouvoirs publics doivent être pénétrés, mais encore une *tâche de cette politique conservatrice* qui doit poursuivre le but de faire pénétrer l'idée dans les classes qui ne possèdent pas, et qui en même temps qu'elles sont les plus nombreuses sont aussi les moins éclairées, que l'*État est surtout une institution bienfaisante.* Elles doivent être amenées, par des avantages directs et reconnaissables, à considérer l'État non pas seulement comme une institution créée pour la protection des classes les plus favorisées de la société, mais comme une institution utile à leurs besoins et à leurs intérêts. »

J'ai tenu à faire cette citation parce qu'elle indique et marque en peu de mots l'esprit de la politique du Gouvernement impérial inspirée par le prince de Bismarck.

Améliorer le sort des travailleurs, combattre le socialisme en lui empruntant ses propres armes, et appliquer celles de ses idées qui ne peuvent être dangereuses pour la conservation de l'état social, tel a été le but unique poursuivi par le Gouvernement de Guillaume Ier. La grande masse du public s'est en effet singulièrement trompée, aussi bien en Allemagne que dans certaines parties de l'Europe, sur les intentions, les vues du prince de Bismarck, qu'on peut considérer sinon comme le seul auteur, tout au moins comme le politique qui en a assuré le succès par ses efforts persévérants, par les éloquents discours qu'il a prononcés dans le Parlement allemand. Je me permettrai d'en emprunter quelques passages au *Moniteur de l'Empire,* lorsque je parlerai de la loi relative à l'assurance contre les accidents.

Dans le moment même où il était question de présenter au Parlement allemand les lois relatives aux assurances contre les maladies et les accidents, on parlait beaucoup dans le public des projets de transformation sociale d'un véritable conseiller intime supérieur de Gouvernement, M. F. W. H. Wagener, qui en cette qualité a droit, je le crois du moins, au titre d'Excellence fort recherché et honoré en Allemagne.

M. Wagener avait la prétention et proposait de résoudre le problème social par le moyen de l'assurance universelle mise entre les mains de l'État, qui prenait dans ce système le rôle de la Providence. Il serait devenu ainsi assureur contre les risques d'incendie, maritimes, sur la vie, contre les accidents, contre la maladie, le chômage, etc. ; bref aucune des éventualités de malheur auxquelles l'homme est exposé dans son existence n'était oubliée dans le projet de M. Wagener, et devait trouver sa guérison dans l'assurance universelle par l'État. La situation élevée de l'auteur de ce système fit croire que le prince de Bismarck partageait ses idées. Il ne fut bruit en Allemagne et en Europe que du socialisme d'État de M. de Bismarck. On rappelait ses anciennes relations avec le fameux Lassalle qui avait fondé en 1863, à Dusseldorf, la société universelle des travailleurs allemands. Le système de Lassalle consistait à établir, avec l'aide de l'État, des sociétés de production. Les socialistes allemands actuels procèdent de Lassalle; mais ils vont bien plus loin que lui et ont adopté les idées de Karl Marx, le fondateur de l'Internationale (1867), qui, on le sait, aboutissent au communisme. Que veulent en effet les socialistes allemands? M. Liebknecht, député au Reichstag, l'a dit assez clairement dans plusieurs conférences qu'il a faites récemment en Suisse : ils veulent l'expropriation des usines, des terres, et un partage égal entre tous, de tous les produits, de tous les revenus. Avec de telles idées, on peut facilement supposer qu'ils goûtent fort peu le soi-disant socialisme de M. de Bismarck.

Les compagnies d'assurances, très puissantes en Allemagne, se crurent menacées dans leur existence même. Elles inspirèrent aux feuilles spéciales, placées sous leur dépendance, une polémique ardente et passionnée. La presse politique allemande discuta aussi cette question avec une vivacité extrême.

En Angleterre et en France, de grands orateurs, des écrivains célèbres, des économistes distingués prirent part à ces discussions théoriques. En Angleterre, M. Herbert Spencer, M. Goschen, le célèbre homme d'État; en France, M. Léon Say, se distinguèrent dans ces luttes pour et contre l'intervention de l'État. Les conférences faites par M. Léon Say au cercle Saint-Simon attirèrent l'attention de M. de Bismarck. Il répondit même à ce dernier dans un de ses discours qu'il prononça au Reichstag, sur le ton sarcastique qui lui est habituel.

Cependant la loi relative aux assurances contre les maladies fut promulguée par l'empereur Guillaume le 15 juin 1883 ; les lois relatives aux assurances contre les accidents le furent le 16 juin 1884 et 28 mai 1885. Le Reichstag refusa absolument d'inscrire dans ces lois le principe d'une subvention de l'État; mais, sauf cette modification, à la vérité très importante, les derniers projets présentés par le Gouvernement furent adoptés avec des changements insignifiants (le premier projet impliquait l'assurance par l'État). Depuis plusieurs années ces lois sont appliquées et l'annuaire statistique pour l'empire allemand publié à Berlin en 1888 nous fait connaître les résultats obtenus jusqu'à la fin de l'exercice de 1886.

Ces résultats dépassent les espérances mêmes des auteurs de ces lois. J'ai déjà, au commencement de ce travail, fait ressortir quelques chiffres parlants. Aussi les adversaires de ces institutions sont-ils les premiers à reconnaître les bienfaits qu'elles ont procurés à la masse des travailleurs; le parti progressiste lui-même est en partie converti et votera, on l'espère du moins, sauf certaines modifications, et avec la majorité, le projet de loi relatif aux caisses de retraites pour la vieillesse et les invalides du travail, présenté par le Gouvernement. A l'exception des socialistes révolutionnaires, que rien ne saurait satisfaire, tous les partis sont d'accord en Allemagne pour reconnaître les avantages de ces lois, auxquelles il suffira d'apporter quelques modifications suggérées par l'expérience, pour les améliorer encore.

Mais comment, par quels procédés a-t-il été possible de faire fonctionner des lois aussi délicates et de soumettre tant de millions d'hommes à l'*épargne obligatoire?* Je crois qu'une exposition claire, précise, des principales dispositions de ces lois ingénieuses le fera comprendre.

Avant la création de la loi relative aux assurances contre la maladie, existaient déjà en Allemagne un certain nombre de caisses de secours mutuels et notamment :

1° Les caisses de mineurs (*Knappschaft-Kassen*) fondées en vertu des lois des États particuliers relatives à l'exploitation des mines;

2° Les caisses pour les compagnons et les apprentis des membres de corporations réorganisées par la loi d'Empire du 18 juillet 1881 sous le nom de caisses corporatives de malades (*Innungs-Krankenkassen*);

3° Les caisses formées par le libre concours des travailleurs, exclusivement administrées et alimentées par eux-mêmes, savoir :

a) Les caisses dites inscrites, établies en vertu de la loi du 7 avril 1876, et qui correspondent à nos sociétés approuvées;

b) Les caisses libres de secours, établies conformément aux lois sur les associations et qu'on peut assimiler à nos sociétés autorisées.

Toutes les personnes soumises à l'assurance, c'est-à-dire toutes celles qui sont occupées contre appointement ou salaire dans des mines, salines, préparation de minerais, carrières, fabriques, hauts-fourneaux, dans les chemins de fer, la navigation intérieure, dans les ateliers mécaniques et les ateliers de construction, dans des métiers et professions à demeure fixe, dans des fabriques où existent des moteurs mécaniques mis en mouvement par la vapeur, l'eau, le gaz, le vent, l'air chaud, etc., à moins que ces moteurs mécaniques ne soient employés que passagèrement, sont soumises à l'assurance et sont tenues de faire partie des caisses qui vont être énumérées et l'objet exposé, quand, ainsi que cela a déjà été dit, leurs gains annuels ne s'élèvent pas à 2,000 marcs (2,500 fr.), *à moins toutefois qu'elles ne soient sociétaires d'une des caisses libres mentionnées ci-dessus.*

L'article 2 de la loi autorise les communes à soumettre à l'assurance obligatoire contre les maladies, toutes personnes quelconques, ouvriers, compagnons, apprentis, commis, employés. Et elles n'ont pas manqué d'user de cette faculté, qui leur permet de réduire les dépenses de l'assistance publique *qui leur incombent obligatoirement*, comme on sait.

En vertu de cet article 2, l'assurance obligatoire a pu être étendue à toute personne vivant de son salaire, *quelle que soit d'ailleurs la nature de ses occupations :* commis, apprentis, garçons de magasin, ouvriers en chambre, etc., etc. Cet article 2 a une portée considérable. Il permet d'établir *pour tous les travailleurs de l'un et de l'autre sexe l'assurance obligatoire contre les maladies.*

Dans un article publié par M. Paul Leroy-Beaulieu dans le numéro du 1er avril de la *Revue des Deux-Mondes,* l'auteur estime que l'organisation des caisses d'assurances allemandes a des inconvénients graves. Il trouve notamment que la loi ne tient pas ce qu'elle promet, *qu'elle n'embrasse pas toutes les personnes qui vivent de leurs salaires professionnels.* On peut voir, par ce qui précède, que M. Leroy-Beaulieu est absolument dans l'erreur à cet égard.

Ne sont point astreints à l'assurance les employés occupés, dans les fabriques ou ateliers de l'État ou d'une commune, contre un traitement fixe.

Voyons maintenant au moyen de quels procédés, de quelles divisions des ouvriers par catégories, la loi enlace les travailleurs qui déjà ne faisaient point partie de caisses libres de secours mutuels.

S'il avait fallu contraindre les ouvriers directement à devenir sociétaires d'une caisse, on n'y serait sans doute pas parvenu ; *mais dans ces institutions l'ouvrier ne joue qu'un rôle passif.* En effet, les patrons sont autorisés à retenir à leurs ouvriers, et à chaque paye, sur leurs salaires, les cotisations nécessaires au bon fonctionnement des caisses. Eux-mêmes sont tenus de contribuer pour un tiers dans le versement des cotisations. Si la cotisation mensuelle reconnue nécessaire est de 1 fr. 50 c., le patron donne pour sa part un tiers, soit 0 fr. 50 c., c'est-à-dire la moitié de la prime payée par l'ouvrier lui-même.

Impossible à l'ouvrier de se soustraire à cette retenue sur son salaire, *puisque, l'assurance étant obligatoire* pour tous, il ne trouverait pas une fabrique où cette retenue ne lui serait faite. Tout patron qui se refuserait à l'exécution de la loi est tenu, si l'ouvrier tombe malade pendant qu'il travaille à son compte, de supporter de ses deniers les frais de maladie. *Les patrons sont donc fort attentifs à payer les cotisations auxquelles ils sont tenus tant pour leur propre compte que pour celui de l'ouvrier.* Il n'y a pour l'ouvrier qu'un seul moyen de se soustraire à la retenue effectuée par les patrons, c'est de fournir la preuve qu'il est membre d'une société libre de secours mutuels. On sait que les caisses ne reçoivent aucune subvention quelconque, ni des communes, ni des patrons. Les auteurs de la loi avaient même pensé que cette circonstance pourrait faire disparaître les caisses libres. Il n'en a rien été jusqu'ici.

En ce qui concerne ces caisses de secours mutuels préexistantes à la loi de 1883, cette loi n'a rien innové. Elles conservent toute leur indépendance, toute leur liberté d'action. La loi ne leur a imposé qu'une obligation, celle de porter le minimum de secours qu'elles donnent à leurs membres au niveau des secours fournis à leurs assurés par les caisses communales contre les maladies, et notamment de secourir, pendant 13 semaines, ceux de leurs membres devenus victimes d'un accident de fabrique, comme sont tenues de le faire les caisses d'assurances obligatoires contre les maladies. En ce qui concerne ces dernières, au moyen du paiement d'un tiers des dépenses, les patrons contribuent, pour une certaine partie, aux secours accordés aux victimes des accidents.

Il ne serait donc pas exact de dire que la loi de 1883 restreint la liberté des associations. Il est vrai qu'elle en a créé de nouvelles ; mais la liberté d'en fonder demeure entière et l'initiative privée n'est pas entravée, puisqu'il est *toujours et à tous* loisible de créer des sociétés nouvelles.

Enfin, comme cela a été dit souvent en Allemagne, il est vrai qu'ouvrier ou commis de l'un ou l'autre sexe, on est obligé de faire partie d'une caisse, mais on a le droit de choisir la caisse à laquelle on veut appartenir. C'est ce qu'on exprime en allemand par un jeu de mots intraduisible en français : *Kassen-Zwang,* mais non *Zwang-Kassen.*

Voici maintenant les noms des nouvelles caisses instituées par la loi, et dans lesquelles les ouvriers ont été enrégimentés :

1° Les caisses communales ;

2° Les caisses locales dont font partie *en général* 100 membres au moins ;

3° Les caisses de fabriques ;

4° Les caisses de constructions.

Avant de dire en peu de mots l'objet et les dispositions principales des caisses d'assurances contre les maladies, on verra sans doute avec intérêt les résultats obtenus et constatés par la statistique impériale pour l'année 1886.

1° Caisses libres qui existaient avant l'application de la loi relative à l'assurance obligatoire, énumérées ci-après :

	RECETTES.	DÉPENSES.
a) Caisses corporatives [1].	560,000 fr.	441,000 fr.
b) Caisses inscrites (approuvées)	16,009,000	12,811,000
c) Caisses légales (autorisées)	3,461,000	2,618,000
Total des recettes des caisses libres.	20,030,000 fr.	
Total des dépenses		15,900,000 fr.

2° Caisses d'assurances obligatoires, établies en vertu de la loi de 1883 :

	RECETTES.	DÉPENSES.
a) Caisses communales	6,633,000 fr.	5,921,000 fr.
b) Caisses locales.	31,072,000	26,467,500
c) Caisses de fabriques	32,822,500	24,596,000
d) Caisses de constructions.	649,000	520,000
	71,176,500 fr.	57,504,500 fr.

L'épargne obligatoire a donc produit, en 1885 [2], une recette de 71 millions de francs, dont 57 millions ont été employés en traitements mé-

---

1. Les chiffres sont indiqués en nombres ronds.

2. En 1887, les recettes se sont élevées à 79 millions de marcs, près de 100 millions de francs et les dépenses à 76 millions.

dicaux, médicaments, indemnités pour perte de journées de travail, frais de sépulture, soins aux femmes en couches, etc. *Il est évident qu'une grande partie de cette dépense serait tombée à la charge de l'assistance publique, dont les dépenses sont ainsi enrayées.* En Allemagne, les spécialistes pensent que les institutions d'assurance obligatoire sont une digue puissante, élevée contre le flot toujours montant des dépenses de l'assistance publique. L'avenir prononcera.

Un mot maintenant sur chacune de ces caisses. La loi de 1883 a établi des caisses locales (art. 16 de la loi) ; c'est la forme la plus commode, la plus élastique, puisqu'elle peut englober, avec l'autorisation des communes, toutes les catégories d'ouvriers. C'est elle qui est appelée au plus grand avenir, ainsi que les résultats déjà obtenus permettent de le prévoir ; je donnerai plus loin une analyse de leurs dispositions essentielles.

Des caisses de fabriques (Betriebs-Krankenkassen) [*art.* 59].

La création de ces caisses a été principalement inspirée par l'exemple des caisses de fabriques, contre les maladies existant déjà en Alsace dans les grandes manufactures de ce pays et par les caisses de fabriques qui déjà existaient en Bavière. La commission de la Chambre des députés a exprimé cette idée qu'une caisse de fabriques bien établie et bien conduite était la forme la meilleure et la plus désirable pour les ouvriers des assurances contre les maladies.

Tout industriel ou entrepreneur qui occupe 50 ouvriers ou plus *astreints à l'assurance,* est autorisé à établir une caisse d'assurance contre les maladies, dite caisse de fabrique. Il peut même y être obligé, mais seulement après qu'il a été invité à donner ses explications par ordre de l'autorité supérieure si la proposition en est faite par la commune où travaillent les ouvriers ou par la caisse de maladies à laquelle ils appartiennent. Il peut même être établi des caisses de fabriques comprenant moins de 50 personnes, si l'autorité supérieure estime qu'ainsi constituées, elles auront des éléments de bon fonctionnement. Tout industriel qui n'établirait pas une caisse de fabrique dans le délai fixé par l'autorité, sera tenu de verser, de ses propres deniers, soit à la caisse communale, soit à la caisse locale, 5 p. 100 du salaire des ouvriers qu'il emploie.

Les chefs de fabrique sont tenus de verser à la caisse de fabriques les cotisations des membres de la caisse soumis à l'assurance, à chaque époque de paye et de contribuer, de leurs propres deniers, pour un tiers au paiement des cotisations.

De même que les caisses locales, les caisses de fabriques sont soumises à la surveillance des autorités supérieures. Celles-ci ont le droit de prendre connaissance de tous les comptes, livres, documents et de vérifier l'état des caisses[1].

Une troisième création de la loi consiste dans les :

Caisses de constructions.

Les constructeurs sont tenus d'établir des caisses d'assurance pour les ouvriers employés à la construction de chemins de fer, de canaux, de routes, de digues, de forteresses, ainsi qu'à des entreprises temporaires de construction, en tant qu'ils emploient un grand nombre d'ouvriers.

L'obligation imposée aux chefs de l'entreprise peut être imposée (transférée) aux sous-traitants, si ceux-ci présentent des garanties suffisantes de solvabilité.

Les entrepreneurs qui ne rempliraient pas les obligations qui leur sont imposées d'établir une caisse, sont tenus de supporter les conséquences de la maladie d'un ouvrier et de fournir les secours de leurs propres deniers.

La dernière création de la loi, ce sont :

Les caisses communales.

Elles sont instituées pour les personnes qui n'appartiennent ni à une caisse locale, ni à une caisse de fabrique, ou bien à une caisse de construction, à une caisse corporative, à une caisse de mineurs, ni à une caisse d'assurances contre les maladies, approuvée ou autorisée, dites toutes deux : *caisses libres.*

Les caisses communales sont administrées par les communes et sans frais. Les secours accordés par les caisses communales consistent :

1° Depuis le commencement de la maladie, en traitement médical gra-

1. Les secours accordés par les caisses de fabriques sont les mêmes que ceux donnés par les caisses locales dont le détail est donné plus loin.

truit, médicaments, ainsi que lunettes, bandages et autres moyens curatifs;

2° En cas d'incapacité de travail, et à compter du troisième jour de la maladie, en une indemnité de maladie pour chaque jour de travail équivalant à la moitié du salaire moyen d'un journalier ordinaire[1].

La plupart des communes et surtout les grandes villes ont établi des caisses d'assurances communales qui leur permettent d'augmenter leurs ressources, sans paraître établir des taxes nouvelles. D'après la statistique établie jusqu'à la fin de 1886, il existe en Allemagne 7,170 caisses d'assurances communales qui comptent en totalité 620,069 sociétaires. Il est bon de remarquer que c'est en Bavière que les caisses communales se sont le plus répandues. La Bavière, avec une population de 5 millions et demi d'habitants, compte 3,821 caisses communales, c'est-à-dire plus de la moitié du nombre de celles qui existent en Allemagne qui a, comme on sait, plus de 46 millions d'habitants. Le nombre des sociétaires bavarois s'élève à 257,000, et celui des sociétaires prussiens à 174,000, tandis que la population de la Prusse est d'environ 29 millions d'habitants. Il faut dire aussi que lorsqu'il s'agit de caisses locales, il n'en est plus du tout de même. Ces caisses, très nombreuses dans tout le reste de l'Allemagne (3,738), sont en Bavière au nombre de 17 seulement. L'Allemagne entière compte 1,700,000 de sociétaires des caisses locales et la Bavière seulement 16,700.

Caisses locales.

Les communes sont autorisées à établir une ou plusieurs caisses locales, sur leur territoire, quand les communes comptent au moins 100 personnes astreintes à l'assurance.

Ces caisses devront *en général* comprendre les personnes exerçant la même profession; la commune peut même être tenue d'établir une caisse locale distincte pour ces personnes, si tous les intéressés le demandent. Dans la pratique, les caisses locales comprennent les travailleurs appartenant à toutes les industries. Cette disposition n'a aucun inconvénient, comme on le verra par l'analyse des statuts de la caisse

1. Les cotisations ne peuvent dépasser 1 et demi p. 100 du salaire. Si le montant des cotisations ne suffit pas pour couvrir les dépenses, la commune sera tenue de faire l'avance des sommes manquantes et, dans ce cas, la cotisation pourra être élevée à 2 p. 100 du salaire.

locale de Leipzig, qui fonctionne avec un succès des plus remarquables.

Le minimum de secours que devront fournir les caisses locales est le suivant :

1° Dès le commencement de la maladie, les soins médicaux gratuits, les médicaments, ainsi que les lunettes, bandages et autres moyens curatifs ;

2° En cas d'incapacité de travail, et à compter du troisième jour de la maladie et pour chaque jour de travail, la moitié du salaire quotidien du malade, lequel ne doit en général pas excéder 3 marcs par jour (3 fr. 75 c.)[1] ;

3° Une assistance semblable doit être donnée aux femmes en couches pendant les 3 semaines qui suivent leur délivrance ;

4° En cas de mort, une somme pour frais funéraires équivalant à 20 fois le montant du salaire d'un *journalier* ordinaire du lieu.

Conformément à l'article 8 de la loi, au lieu et place des secours indiqués ci-dessus, le malade pourra être soigné dans un hôpital, si la famille y consent, ou si, d'après la nature de la maladie, les soins de la famille sont insuffisants. Si le malade est un soutien de famille, indépendamment des soins et du traitement gratuits, il aura droit à la moitié de l'indemnité de maladie indiquée ci-dessus.

La caisse locale pourra décider que l'indemnité de la caisse sera refusée soit en totalité, soit partiellement, lorsque les assurés se sont attiré volontairement, ou par ivrognerie, débauche, ou rixe, la maladie dont ils sont atteints.

Les soins et secours accordés aux malades cesseront au plus tard à l'expiration de la treizième semaine à compter du jour où la maladie a commencé. Après ces 13 *semaines, les frais de traitement tombent à la charge de l'assistance publique.* Si les sociétaires sont malades par suite d'un accident survenu dans la fabrique où ils étaient occupés, *c'est après lesdites* 13 *semaines* que les associations professionnelles des patrons sont tenues de fournir aux victimes des accidents les secours et indemnités fixés par la loi relative aux assurances contre

1. Ce taux de salaire est plus élevé que celui qui sert de base aux indemnités payées par les caisses communales qui sont calculées sur le salaire moyen des journaliers ordinaires. Le salaire moyen des caisses locales peut même atteindre 4 marcs (5 fr.), mais ne pas les dépasser; il ne peut pas être fixé au-dessous du salaire des journaliers.

les accidents. Cependant la plupart des caisses locales, en se conformant à l'article 21 qui les y autorise, ont augmenté la durée des secours jusqu'à une année ; mais cette augmentation est facultative.

En plus, le montant de l'indemnité de maladie peut être élevé aux trois quarts (au lieu de la moitié) du salaire quotidien ; un secours en argent équivalant au huitième au maximum du salaire quotidien, même à ceux qui n'ont pas de famille à soutenir.

La durée des secours à donner aux femmes en couche peut être prolongée jusqu'à 6 semaines.

Les soins médicaux, les médicaments peuvent être accordés aux membres de la famille de l'assuré, si ceux-ci ne sont pas eux-mêmes soumis à l'assurance obligatoire ; l'indemnité pour frais mortuaires peut être élevée à une somme représentant 40 fois le salaire quotidien ; enfin à la mort de la femme d'un sociétaire ou d'un enfant, il peut être alloué une indemnité équivalant pour la femme aux deux tiers, pour l'enfant à la moitié de l'indemnité accordée lors du décès d'un sociétaire.

Taux des primes.

Lors de la création d'une caisse, *les cotisations à la charge des membres* de la caisse ne doivent pas excéder 2 p. 100 du salaire moyen quotidien en tant que cela ne sera pas nécessaire pour couvrir les secours minimum que la caisse est obligée de donner.

La cotisation pourra être portée à 3 p. 100 du salaire quotidien moyen, mais seulement avec l'assentiment des patrons obligés à contribuer aux cotisations et des sociétaires.

D'après l'article 20, le salaire quotidien sera établi par classes correspondant au taux des salaires ; le salaire moyen d'une classe ne pourra pas dépasser 4 marcs (5 fr.), ni être inférieur au taux du salaire d'un journalier ordinaire.

Les patrons doivent contribuer pour un tiers (art. 52) au paiement des cotisations des personnes astreintes à l'assurance. La cotisation des patrons est donc de 33 1/3 p. 100 de la prime totale, soit la moitié de celle payée par l'ouvrier. *Ils ne sont pas tenus à contribuer pour une fraction quelconque aux primes dues par les ouvriers qui font partie de caisses libres.*

Par décision de la commune, il peut être ordonné que pour les ateliers où ne fonctionnent pas de moteurs mécaniques et des chaudières à vapeur, les patrons seront affranchis de toute contribution. Il pourra en être de même s'ils n'occupent pas plus de deux personnes astreintes à l'assurance obligatoire.

Enfin, disposition essentielle et qui est la sanction de la loi pour les caisses locales contre les maladies et pour les assurances communales, les *patrons sont tenus de faire inscrire au plus tard dans un délai de 3 jours après l'entrée des ouvriers* dans leurs ateliers, chacune des personnes qu'ils occupent astreintes à l'assurance, pour lesquelles l'assurance communale commence, ou qui appartiennent à une caisse locale; il doit également faire la déclaration de sortie de l'ouvrier dans le même délai de 3 jours au plus tard.

Ces déclarations doivent être faites par la caisse communale à l'endroit désigné par l'autorité, pour les caisses locales à l'endroit fixé par les statuts.

L'autorité administrative de surveillance peut établir un endroit commun pour les déclarations exigées des patrons pour les personnes faisant partie de l'assurance communale ou d'une caisse locale.

Les patrons qui auront omis de satisfaire aux dispositions de la loi relatives aux déclarations d'entrée ou de sortie, seront obligés de restituer à la caisse communale ou à la caisse locale, le montant des dépenses faites par celles-ci, conformément à leurs statuts, pour les soins et secours donnés à une personne devenue malade et pour laquelle aucune déclaration n'a été faite.

Les patrons sont autorisés à retenir aux ouvriers, et à chaque paye, le montant des cotisations qu'ils doivent avancer pour eux.

Ils sont tenus de payer ces cotisations par avance jusqu'au moment de la déclaration de sortie de l'ouvrier et pour la fraction du temps pendant lequel l'ouvrier a été employé, si celui-ci cesse de faire partie, pendant une période de paye, de l'institution d'assurance à laquelle il appartenait.

Je crois que ce qui précède suffit pour donner une idée exacte de l'organisation des caisses locales d'assurance contre les maladies; la loi a, du reste, été traduite assez exactement par les soins du ministère des finances et publiée dans le numéro de juillet 1883 du *Bulletin de statistique et de législation comparée*. Les personnes désireuses de connaître la loi entièrement pourront se reporter à ce numéro du *Bul-*

letin ou à la traduction qui en a été faite par M. C. Bodenheimer, rédacteur en chef du *Journal d'Alsace*.

Une indication des dispositions spéciales des statuts de la caisse locale de Leipzig fera comprendre le fonctionnement de ces institutions.

Caisse locale de Leipzig.

La ville de Leipzig, y compris ses faubourgs, a une population de 300,000 habitants. C'est une ville très riche et très industrieuse. Les ouvriers occupés dans les fabriques que renferme cette ville y sont très nombreux.

En 1888, d'après le rapport préliminaire, arrêté au 28 novembre, par le fondé de pouvoirs, M. Uhlmann, le nombre des membres faisant partie de la caisse locale des assurances contre les maladies s'est élevé, jusqu'au 31 octobre 1888, à 62,957 dont 49,646 du sexe masculin et 13,311 femmes. Ces 62,957 comprennent 2,857 membres volontaires et 60,100 membres qui ont été soumis à l'obligation de faire partie de la société, et de subir les retenues sur leurs salaires.

Les recettes présumées de 1888 s'élèveront à plus de 1,500,000 fr.; mais les comptes de l'exercice de cette année ne seront arrêtés que dans les premiers mois de 1889. A la fin de ce travail, je donnerai un compte rendu exact des opérations de la caisse locale de Leipzig pour 1887, avec l'indication des recettes et des dépenses.

La caisse locale des malades (*Orts-Krankenkasse*) de Leipzig a été fondée le 24 novembre 1886, au moyen de la fusion en une seule des 18 caisses qui existaient auparavant. Les statuts ont été approuvés par décret royal le 10 décembre de la même année.

Elle porte le nom de *Caisse locale des malades* pour Leipzig et environs (*Umgegend*); elle a son siège dans cette ville et comprend toutes les fabriques et industries existant dans la circonscription dont les personnes qui y sont occupées sont soumises à l'assurance obligatoire, d'après l'article 1er de la loi de 1883, ou d'après les règlements actuels ou futurs, ou qui sont devenues obligatoirement membres de la société ou le deviendront soit en vertu de la loi, soit en vertu de dispositions réglementaires.

Sont membres *obligatoirement* de la caisse des malades, toutes les personnes occupées dans les fabriques mentionnées à l'article 1er de la loi de 1883, et toutes celles qui ont été soumises à l'assurance de la commune par dispositions réglementaires (art. 2 de la loi). Sont exceptés les membres des sociétés libres et des caisses de fabriques.

Sont autorisées à faire partie de la caisse toutes les personnes non astreintes à l'assurance. Les domestiques y sont également admis. Mais ces personnes n'ont aucun droit à l'assistance si, au moment où elles entrent dans la société, elles étaient déjà malades ; elles doivent produire un certificat médical et répondre, d'une manière conforme à la vérité, à toutes les questions que la direction leur adressera.

Les personnes qui cessent d'être occupées à des travaux impliquant l'obligation d'être membres de la caisse, et ne se livrent pas à une occupation en vertu de laquelle elles deviennent membres d'une autre caisse locale, d'une caisse de fabrique, d'une caisse corporative, de construction ou de mineurs, peuvent continuer à faire partie de la société, si elles font connaître leur intention à la direction de la caisse et deux semaines à l'avance. Le paiement complet de la cotisation statutaire à son échéance sera considéré comme une déclaration expresse de leur intention.

En outre, peuvent être admises comme membres de la caisse, après déclaration d'entrée par la direction, toutes les personnes, non soumises à l'assurance, habitant dans la circonscription de la caisse, qui n'ont pas accompli leur quarante-cinquième année, qui produisent un certificat de santé et qui constate qu'elles ne sont point enceintes.

Les droits aux secours de la caisse ne commencent qu'après un délai de 6 semaines, suivant l'entrée dans la société.

Pour la fixation des cotisations, on considérera comme appointement ou salaire les tantièmes de profits et les paiements en nature. L'estimation de ces derniers paiements sera faite par la direction sur la base des prix moyens de la localité.

Les statuts indiquent ensuite de quelle manière commence et finit la qualité de membre de la caisse ; d'après l'article 9 des statuts, les patrons sont tenus de déclarer à l'endroit désigné par l'autorité de surveillance (et s'il n'en a pas été décidé autrement, au siège même de la caisse) et ce, dans un délai de 3 jours au plus, le jour où l'occupation a commencé, ainsi que la reprise de l'occupation à la suite d'une maladie qui a eu pour conséquence une incapacité de travail, en tant que le premier contrat de travail a cessé d'exister par suite de maladie. Les patrons doivent également déclarer la cessation du travail au plus tard dans un délai de 3 jours.

Les membres volontaires feront eux-mêmes leurs déclarations.

Ces déclarations sont faites conformément aux formules prescrites.

Chaque contravention entraine pour le patron une amende de 20 marcs; il demeure obligé de payer les cotisations et il supporte en outre toutes les dépenses de maladies faites pour un ouvrier non déclaré.

Secours accordés (art. 10). — La caisse accorde à chacun de ses membres, comme secours en cas de maladie pendant la durée de la maladie et au *préalable* pendant 26 semaines[1] :

1° Du premier jour de la maladie, traitement médical et médicaments gratuits;

2° En cas d'incapacité de travail, et si cette incapacité dure plus de 3 jours, à compter du premier jour et pour chaque jour de travail ou férié (le dimanche cependant excepté) et à titre d'indemnité de maladie, la moitié du salaire moyen.

Si le sociétaire n'est pas incapable de travailler depuis le commencement de la maladie c'est-à-dire à compter du quatrième jour, et si l'incapacité de travail ne commence que dans le cours ultérieur de la maladie, l'octroi des secours médicaux et des médicaments cesse à la vérité 26 semaines après le commencement de la maladie; mais l'indemnité de maladie, qui est indépendante de ces jours, devra être accordée jusqu'à l'expiration des 26 semaines qui ont suivi le commencement de l'incapacité de travail.

La direction de la caisse prescrira la forme des certificats à produire dans les cas de cette nature.

Si le médecin *certifiant* n'est pas admis en même temps auprès de la caisse, et si la direction hésite, d'après le témoignage produit, à payer l'indemnité de maladie, elle aura le droit de faire visiter le malade par un médecin de la caisse et de faire dépendre de l'opinion de celui-ci la continuation de l'indemnité de maladie;

3° Lunettes, bandages ou autres moyens curatifs et appareils sem-

---

1. Les personnes qui ne font partie de la caisse que depuis six semaines n'ont droit à l'assistance, en cas de maladie, que pendant treize semaines (art. 25).

blables reconnus nécessaires à la guérison du malade ou bien au rétablissement ou au maintien de la capacité du travail après la fin du traitement par le médecin de la caisse.

Au lieu et place des secours spécifiés aux articles 1 et 2 ci-dessus, la caisse, si le médecin n'élève aucune objection fondée, fera transporter le malade dans une maison de santé où il recevra le traitement médical et les médicaments gratuitement.

Si le membre de la caisse refuse d'entrer dans une maison de santé, comme la direction a le droit de le prescrire, l'obligation de secourir le malade cesse pour la caisse.

Si le malade transporté dans une maison de santé a une famille dont il est le soutien, et qui vivait de son salaire, la famille recevra, pendant toute la durée du séjour du malade dans l'hôpital, la moitié de l'indemnité de maladie fixée à l'article 2.

Les membres de la caisse qui n'habitent pas dans la circonscription de la caisse, recevront une fois et demie le montant de l'indemnité de maladie, mais n'auront droit à aucun autre secours.

Les personnes qui, pendant 26 semaines de suite, ou, dans le cours de l'exercice, pendant 26 semaines, auront reçu des secours, ne seront secourues que pendant 13 semaines, s'il y a un intervalle de moins de 13 semaines entre la première maladie et la seconde.

Les membres assurés *autre part* contre la maladie auront droit à l'indemnité entière de maladie.

Assistance des femmes en couches. — En cas accouchement, l'indemnité de maladie sera accordée pendant les 3 semaines suivant celui-ci aux sociétaires féminins.

Les maladies survenant pendant le temps de l'accouchement donneront droit à la même assistance que toute autre maladie.

Le secours sera payé pour la première fois le dimanche suivant l'accouchement, contre une attestation constatant l'inscription de la naissance de l'enfant et subséquemment chaque dimanche suivant.

L'assistance spécifiée ci-dessus pour les femmes en couches, en tant que cela concerne des sociétaires soumis à l'assurance obligatoire des ouvriers agricoles et forestiers, ne sera accordée qu'à des femmes mariées ou aux veuves dont l'accouchement aura lieu, après la mort de leurs maris, dans les délais fixés par la loi impliquant la légitimité de l'enfant.

Indemnités de frais funéraires. — En cas de décès d'un sociétaire, la caisse accorde aux survivants une indemnité s'élevant à :

80 marcs (100 fr.)	par un sociétaire de la	1re classe.
70 —	—	2e —
60 —	—	3e —
50 —	—	4e —
40 —	—	5e —
30 —	—	6e —
20 —	—	7e —
10 —	—	8e —

Pour les femmes et les sociétaires non adultes, l'indemnité en cas de mort doit s'élever au maximum à une somme représentant 40 fois le salaire d'un journalier ordinaire et au plus à 53 1/3 marcs et à 33 1/2 marcs.

Assistance de la famille des sociétaires. — Il est accordé aux sociétaires pour les personnes de leur famille vivant avec eux, et notamment les enfants, les époux et parents en tant que ceux-ci sont nourris par le sociétaire et ne font pas eux-mêmes partie d'une caisse :

1° En cas de maladie, soins médicaux et médicaments (mais non moyens curatifs, lunettes, bandages, etc.) gratuits pendant toute la durée de la maladie, mais au plus pendant 13 semaines ;

2° En cas de mort de la femme ou d'un enfant au-dessous de 14 ans, une indemnité funéraire de 15 marcs pour la femme et de 9 marcs pour l'enfant. Cette dernière indemnité n'est accordée qu'une seule fois, même si les deux parents sont sociétaires.

Cotisations. — 1° *Droit d'entrée.* — Aucun droit d'entrée dans la caisse ne peut être exigé des personnes astreintes à l'assurance.

Les sociétaires volontaires auront à ajouter à la première cotisation hebdomadaire un droit d'entrée ainsi fixé :

1re classe.	2 marcs (2 fr. 50).
2e —	1 75
3e —	1 50
4e —	1 25
5e —	1 »
6e —	0 75
7e —	0 50

Sont affranchis du droit d'entrée ceux qui prouveront que, 13 semaines avant leur entrée dans la caisse, ils ont appartenu à une autre caisse, ou qu'ils ont payé des cotisations à une caisse communale.

2° *Cotisations courantes.* — Les cotisations hebdomadaires sont de:

Salaire 4 marcs (5 fr.)	1re classe . . .	72 pfennigs	(90 centimes).		
— 3 50	2e —	63	—	(79	—).
— 3 »	3e —	54	—	(67 ½	—).
— 2 50	4e —	45	—	(56 ¼	—).
— 2 »	5e —	36	—	(45	—).
— 1 50	6e —	27	—	(35	—).
— 1 »	7e —	18	—	(23	—).
— 0 50	8e —	9	—	(12	—).

Chaque membre est classé suivant son salaire par la direction, d'après les déclarations d'entrée. La classe à laquelle il appartient est indiquée dans le livre de quittances qui lui est délivré.

Les membres volontaires doivent déclarer à quelle classe ils veulent appartenir.

Administration de la caisse (art. 39). — Les affaires de la caisse sont administrées par :

1° L'assemblée générale;

2° La direction.

Formation de l'assemblée générale (40). — L'assemblée générale est composée :

a) Des représentants des sociétaires majeurs et jouissant de leurs *droits civiques,* et

b) Des représentants des patrons payant des cotisations de leurs propres deniers, majeurs et jouissant de leurs droits civiques.

Les représentants des uns et des autres sont élus parmi eux.

En vue des élections, les sociétaires sont partagés en 3 sections dont la première comprend les groupes suivants de la statistique professionnelle de l'Empire : industrie des carrières, mines, hauts fourneaux, salines, tourbières, métallurgie, industrie des machines, outils, instruments et appareils pour la fabrication d'instruments de musique, bois, sculpture, industrie du bâtiment.

La 2e section comprend le groupe de l'industrie chimique, la production et le travail des produits accessoires forestiers, matières d'éclairage, graisses, huiles et vernis, industrie textile y compris le blanchiment, la teinture, l'impression et l'apprêt, l'industrie du papier, des cuirs, des caoutchoucs (à l'exclusion de la reliure, du cartonnage et de la fabrication des portefeuilles), du jardinage artistique et commercial, de l'industrie de l'alimentation et des boissons, des habillements, blanchissage, et enfin des hôtels et délassements.

La 3e section comprend les autres groupes soumis à l'assurance contre les maladies et notamment les industries du papier, du cuir, de la reliure, du tabac, des métiers polygraphiques, des assurances, des échanges.

Le nombre des représentants de chaque section est proportionnel au nombre des membres appartenant aux 3 sections.

L'élection des membres représentants des sociétaires et des patrons a lieu tous les trois ans au mois de février, sous la direction de l'administration.

Il y a un représentant des sociétaires pour chaque fraction de 300 membres; si le nombre des groupes (chaque groupe considéré à part) n'est pas divisible par 300, le nombre excédant ce chiffre n'est pas pris en considération. Il est élu un représentant des patrons par chaque fraction de 600 sociétaires occupés par les premiers. Il ne sera pas tenu compte de toute fraction de 600 qui ne comprendra pas 300 assurés au moins, si en même temps le nombre des représentants des patrons n'excède pas un tiers du nombre total des représentants.

Le droit de vote ne peut être délégué.

Si les membres de la caisse se refusaient à l'élection, leurs représentants seraient désignés par l'autorité de surveillance. Les membres sortants sont rééligibles.

Administration. — L'administration de la caisse est composée de 18 membres dont 12 sociétaires et 6 patrons.

Ils sont nommés pour 3 ans, et restent en fonctions jusqu'à l'entrée de leurs successeurs dans le conseil d'administration; chaque année a lieu la sortie de 6 membres : 2 patrons et 4 sociétaires. La première fois le sort détermine les sortants; les années suivantes la sortie est déterminée d'après le temps de service.

Les fonctions d'administrateurs sont gratuites. Les dépenses résultant de l'exercice de leurs fonctions leur sont remboursées par la caisse.

Le conseil d'administration choisit dans son sein et pour une année un président et un vice-président, ainsi qu'un comptable et un sous-comptable.

Le conseil d'administration doit se réunir au moins deux fois par an en session ordinaire. Le président a le droit de le convoquer en session extraordinaire. Il est tenu de le convoquer en session extraordinaire dans le délai d'une semaine, si la demande lui en est faite par écrit par 2 membres. La demande doit indiquer l'objet de la délibération.

Les séances des réunions sont ouvertes, dirigées et closes par le président.

Telles sont les dispositions principales des statuts de la Caisse de Leipzig; ce serait, je crois, allonger inutilement ce travail que de donner les détails relatifs à la marche, à l'administration, à la tenue des assemblées générales, des comptes de caisses, des autorités de surveillance, des contestations, etc. Il est bon toutefois de faire remarquer la large part faite aux ouvriers dans le conseil d'administration.

Sur 18 administrateurs, 12, c'est-à-dire les deux tiers, sont ouvriers.

Je me bornerai pour le présent à reproduire le compte des recettes et des dépenses de la caisse locale d'assurances contre les maladies de Leipzig et environs pour l'année 1887, et arrêté le 24 mars 1888, et un extrait du rapport provisoire des opérations de la caisse pendant l'année 1888 alors non encore expirée, présenté par M. Uhlmann, fondé de pouvoirs de la caisse.

Voici d'abord l'arrêté de compte.

TABLEAU.

Arrêté de compte de la Caisse locale des malades pour Leipzig et environs, de l'année 1887.

RECETTES.	SOMMES. Marcs[1].	Pfen.
Arriérés et soldes	10,159	22
Intérêts des capitaux	5,691	38
Droits d'entrée	790	25
Cotisations versées par les patrons	899,359	87
Cotisations versées par des sociétaires volontaires	35,365	30
Indemnités payées par des tiers pour frais de maladies	8,434	13
Autres recettes diverses	3,631	74
Total des recettes	963,431	91
Soit environ 1,200,000 fr.		

1. Le marc vaut 1 fr. 25 c. Il est divisé en 100 pfennigs.

DÉPENSES.	SOMMES. Marcs.	Pfen.
Arriérés et soldes	475	71
Traitements médicaux	134,810	86
Médicaments et moyens curatifs	92,960	95
Indemnités de maladies	139,603	90
Indemnités de maladies aux membres des familles	6,383	76
Indemnités aux femmes en couches	6,670	»
Frais funéraires	31,769	10
Frais de traitement dans les hôpitaux	50,700	06
Indemnités à des tiers pour frais de maladie	7,543	66
Dépenses d'administration	89,129	29
Autres dépenses	2,097	95
Total des dépenses	792,185	34
Excédent	171,246	57
Somme égale	963,431	91

BILAN.

Avoir au 1er janvier 1887 et règlement de compte antérieur		118,301 21
Excédent de l'année 1887 (voir ci-dessus)		171,246 57
Total		289,550 78

Capital		66,606 82
Fonds de réserve au 1er janvier 1887	66,908 08	161,386 92
Fonds de réserve de l'année 1887	94,478 84	
Fonds de roulement		61,557 04
Total		289,550 78

Certifié exact et conforme aux écritures.

La Commission des comptes :

Gustav BÆR ; Gustav AHME ; HERMANN ; GEORGI.

Leipzig, 24 mars 1888.

La Direction de la Caisse locale de Leipzig et environs :

Albert BROCKHAUS, *président*.

Rapport provisoire des opérations de la Caisse locale pour Leipzig et environs du 1er janvier au 31 octobre 1888. — La loi impose l'obligation de l'assurance contre les maladies aux ouvriers occupés aux travaux agricoles et forestiers. Par décision de l'autorité locale, cette obligation a été étendue, 1er octobre 1888, aux employés de commerce et aux élèves en pharmacie.

Au commencement de l'année, le nombre des sociétaires s'élevait à 44,060. Le 31 octobre, le nombre était en totalité de 62,957, dont 2,857 membres volontaires. De ces 62,957 secrétaires, 49,646 appartenaient au sexe masculin et 13,311 au sexe féminin. Le 27 octobre a été le jour où le nombre des sociétaires assurés a été le plus considérable, il a été de 63,209.

Jusqu'à la fin d'octobre, il a été fait 215,471 déclarations d'entrée et de sortie.

Les cas de maladie accompagnés d'incapacité de travail ont été de 20,063, y compris 742 femmes en couches, la proportion des malades a été 1.77 p. 100 en octobre; la plus basse de 1,30 p. 100 le 26 mai, et la plus élevée de 3.09 p. 100 le 7 janvier.

Je pense qu'il est inutile de pousser plus loin ces citations.

Les chiffres parlent d'eux-mêmes. Ils font comprendre les grands services que sont susceptibles de rendre aux travailleurs des deux sexes et de toutes catégories, les caisses d'assurances contre les maladies, et en particulier des caisses locales bien organisées et bien administrées, comme celle de Leipzig nous en fournit le modèle.

Nous allons maintenant nous occuper des assurances contre les accidents; *ces institutions sont absolument liées, comme on le verra, aux caisses d'assurances contre les maladies, qui leur servent de fondement, et sans lesquelles elles ne pourraient fonctionner*[1].

---

1. En Allemagne, *conformément à l'équité*, les Mutualités ouvrières et les Mutualités patronales supportent concurremment, et *dans certaines proportions*, les charges résultant des indemnités dues aux victimes des accidents du travail.

2° L'ASSURANCE CONTRE LES ACCIDENTS DE FABRIQUES EN ALLEMAGNE.

(Lois des 6 juillet 1884 et 27 mai 1885.)

Associations professionnelles (Berufsgenossenschaften.)

Le Code civil allemand, les lois civiles particularistes allemandes partent de ce principe qu'on ne peut rendre responsable d'un dommage, ayant pour cause l'intention ou la négligence, que l'auteur *immédiat* de l'accident. Si l'auteur du dommage est le représentant d'une tierce personne, dans ce cas le mandant n'est responsable que s'il est démontré qu'il a commis une faute dans le choix de son mandataire (*culpa in eligendo*) et que si ce mandat a pour objet une chose illégale ou si cette chose a été mise à exécution. Le Code civil prussien est allé encore plus loin dans cette voie, en stipulant que le mandant n'est responsable que *subsidiairement* du dommage causé par un mandataire incapable.

Dans ces conditions de responsabilité ainsi limitée, il était bien difficile d'obtenir la réparation d'un dommage arrivé dans des fabriques.

Il en était tout autrement dans les provinces du Rhin, où le droit français a été maintenu.

D'après l'article bien connu du Code civil (art. 1384), on est responsable non seulement du dommage que l'on cause par son propre fait, mais encore de celui qui est causé par le fait des personnes dont on doit répondre ou des choses qu'on a sous sa garde.

Comment le gouvernement allemand en est-il arrivé à proposer et à faire voter, en juin 1871, une loi relative à l'obligation de répondre des dommages causés par la mort ou les lésions corporelles des victimes d'accidents dans l'exploitation des chemins de fer, des mines, carrières, minières et des fabriques, et de les indemniser?

La réponse est dans les transformations de l'industrie moderne. Les longues années de paix qui se sont succédé en Europe depuis 1815, ont vu non seulement une magnifique éclosion de la littérature et des arts, mais encore le développement immense de l'industrie. S'emparant des forces de la nature, les soumettant à son joug intelligent, l'homme a créé les transports par voies ferrées, la navigation à vapeur.

C'est aussi pendant cette glorieuse époque de l'histoire universelle, qu'ont été établies ces vastes usines, avec ces puissants engins mécaniques qui, décuplant, que dis-je? centuplant les produits de l'industrie, en ont, en même temps, multiplié les dangers pour les travailleurs. A une situation nouvelle, il fallait des lois nouvelles.

Cette loi de juin 1871 avait été précédée d'une autre loi remontant à novembre 1838 qui règle les cas de responsabilité des accidents survenus dans l'exploitation des chemins de fer. D'après l'article 1er de la loi de 1871 précitée, l'entrepreneur (l'exploitant) d'un chemin de fer est responsable du dommage résultant de l'exploitation, à moins *qu'il ne fournisse la preuve que l'accident a eu pour cause une force majeure ou la propre faute du mort ou du blessé.* L'article 2 établit la responsabilité des exploitants de mines, minières, carrières et des industriels et de leurs représentants, mais dans un tout autre esprit. Cet article n'admet pas, comme pour l'exploitation des chemins de fer, la présomption de faute ou de responsabilité. Le chemin de fer est responsable des dangers de l'exploitation, mais la loi ne reconnaît pas de périls professionnels en ce qui concerne les mines, minières, carrières et les fabriques. Elle ne présume donc aucune faute. Il est bon cependant de rapprocher ce qui précède des dispositions de l'article 120 du Code des professions (*Gewerbe-Ordnung*) qui est ainsi conçu : « Les chefs d'industries sont tenus d'établir et d'entretenir les installations qui, en tenant compte de la nature spéciale de la fabrique et des ateliers, sont nécessaires pour garantir effectivement et autant que possible la vie et la santé des ouvriers. »

Quand les chefs d'industrie se sont conformés à ces dispositions, on voit que leur responsabilité doit cesser à l'égard des ouvriers en cas d'accident. C'est donc à ceux-ci qu'il incombe de prouver que le chef d'industrie en est la cause.

Cependant cette loi de 1871 parut bientôt insuffisante. Le parti socialiste n'avait pas grand'peine à en démontrer l'inanité. Le gouvernement, pour arracher ses armes à ce parti, prit la résolution de ne pas se borner à édicter des mesures de répression, et d'essayer de donner satisfaction aux légitimes réclamations des ouvriers. Dans l'exposé des motifs qui accompagnait en 1881 un premier projet d'assurance contre les accidents, il est expliqué qu'en dehors de l'exploitation des chemins de fer, l'obligation imposée à la victime de l'accident de prouver la faute du chef d'industrie ou de son fondé de pouvoir était en maintes circonstances très difficile et la plupart du temps impossible ; qu'en outre les procès de cette nature tournaient très rarement à l'avantage des ouvriers et engendraient une animosité constante entre ceux-ci et les patrons, particulièrement parce que les compagnies d'assurances, derrière lesquelles s'abritaient ces derniers, avaient la coutume de ne payer les indemnités qu'après avoir épuisé tous les degrés de juridiction. C'est enfin en 1883, après plusieurs années de délibérations, que, sur un appel chaleureux de l'empereur Guillaume Ier, la question des indemnités en cas d'accidents fut réglée par les pouvoirs publics. Le Reichstag avait déjà rejeté l'idée d'établir pour les chefs d'industrie une responsabilité semblable à celle qui est déterminée par la loi de juin 1871 pour les entreprises de chemins de fer dont j'ai parlé plus haut. *En adoptant la présomption de la responsabilité des patrons en cas d'accident, il aurait à la vérité déchargé l'ouvrier du fardeau de la preuve ; mais il en aurait chargé le patron, et il n'aurait pas supprimé l'inconvénient des procès.*

Il est absolument certain, prouvé par une longue pratique, que, en dépit de la surveillance la plus active, de l'installation la mieux entendue, des précautions les plus minutieuses, toute industrie qui emploie des moteurs mécaniques, ou consiste dans des manipulations chimiques, a en elle-même des dangers que nulle prudence humaine ne peut conjurer. Il y a des cas nombreux où il est impossible de trouver un négligent, à plus forte raison un coupable, et le Reichstag, après de mûres délibérations, reconnut que le seul moyen pratique, équitable, de résoudre la question était de recourir au système de la mutualité, c'est-à-dire à l'assurance.

Dans un pays où est établi depuis de longues années le principe de l'assistance publique obligatoire, il ne devait pas être difficile de décider que l'assurance contre les accidents serait basée sur le principe de l'obligation. Ce qui fit surtout l'objet des longues et laborieuses délibérations du Reichstag (1881 et 1882) dont M. Merlin de Douai, avocat, a donné un résumé dans le *Bulletin de la Société de législation comparée* (1885), fut la question de savoir si l'on confierait l'assurance contre les accidents à l'État. L'assurance par l'État fut rejetée et le Reichstag adopta (1884) un système mixte où l'État, à la vérité, n'est pas assureur, mais a le droit d'intervenir comme promoteur des mutualités à créer, comme surveillant, comme juge et même comme *banquier* de ces associations, ainsi qu'on le verra plus loin. En décrétant l'assurance contre les accidents obligatoire, fallait-il se faire assurer aux compagnies d'assurances privées? On pensa que ces sociétés, n'ayant d'autre objet que d'obtenir les profits les plus grands possibles, ne répondraient pas par leurs tendances, très légitimes d'ailleurs, au but qu'il s'agissait d'atteindre, c'est-à-dire l'assurance *à bon marché.*

Dans la séance du Reichstag du 17 mars 1884, M. de Bismarck prit plusieurs fois la parole et ses discours emportèrent finalement le vote de la loi. On en lira peut-être avec intérêt quelques passages.

« Je veux, dit-il, exprimer cette idée que nous ne pensons pas que « les accidents et les malheurs puissent servir de base a des opérations « devant produire de gros dividendes, que nous voulons procurer l'as- « surance dans les meilleures conditions réalisables, et que nous tâchions « d'en abaisser le prix aussi bien dans l'intérêt de l'ouvrier que dans « l'intérêt du patron. A mon avis, rien n'est plus propre à atteindre ce « but que le système de la mutualité. Vous avez refusé toute subvention « de l'Empire, et pour arriver à un résultat, je me suis soumis à votre « refus ; mais l'État n'en a pas moins le droit et le devoir de protéger « l'ouvrier contre les accidents, le besoin et la vieillesse, et de ne pas « abandonner ces soins à des compagnies d'assurances qui exigent des « ouvriers et des patrons les primes les plus élevées qu'elles peuvent.....

« Si l'on me dit que c'est là du socialisme, cela ne me fait pas peur. Il « s'agit de savoir où est la limite du socialisme d'État permis. Sans « socialisme, nous ne pourrions d'ailleurs rien fonder dans ce genre. « Toute loi relative aux pauvres est du socialisme. *Il y a des États « qui se tiennent si loin du socialisme, qu'ils n'ont pas de loi pour les « pauvres. Je veux parler de la France. Les circonstances de ce pays « font parfaitement comprendre les idées du célèbre économiste fran- « çais, M. Léon Say, cité par M. Bamberger. En lui se trouve la con- « ception française que tout citoyen français a le droit de mourir de « faim et que l'État n'a pas le droit de l'empêcher d'user de ce droit.*

« Vous pouvez voir que dans ce pays les circonstances sociales, de- « puis la monarchie de Juillet, n'ont pu arriver à la tranquillité, et je « crois qu'à la longue *la France devra faire plus de socialisme qu'elle « n'en a fait jusqu'ici.....* »

M. de Bismarck justifie enfin l'assurance *obligatoire :* « On m'a « objecté que l'organisation proposée par nous est en contradiction « avec la conception de la liberté, qu'il y a beaucoup de contrainte « dans tout cela et que la devise de la loi est celle-ci : Si tu ne veux

« pas, j'emploierai la force. Messieurs, la liberté est un mot vague ; « personne ne peut user de la liberté de mourir de faim. Mais ici, à « mon avis, la liberté n'est nullement restreinte. L'obligation de fournir « des secours existera à la vérité, mais le mode, le comment, est « abandonné aux intéressés. Ils s'organiseront pour cela comme ils « voudront, et pour suivre la métaphore de mon contradicteur, « M. Bamberger, ils verront quelle espèce de souliers les blessent le « moins, et comment ils porteront le cuir que nous leur offrons. »

Après avoir repoussé les compagnies d'assurances privées à primes fixes, M. de Bismarck s'oppose aussi à ce que l'on confie cette assurance à des mutualités privées. Une telle institution créerait une concurrence aux associations professionnelles qu'il s'agit d'établir.

C'est sur la base des associations de patrons dites associations professionnelles (*Berufsgenossenschaften*) réunies par catégories d'industries semblables ou similaires que fut votée la loi des assurances contre les accidents par le Reichstag et par le Bundesrath.

Avant de donner une analyse de la loi, je tiens à faire une observation qui est de la plus haute importance.

La loi du 15 juin 1883, relative à l'assurance contre les maladies des travailleurs, et la loi du 6 juillet 1884, relative à l'assurance contre les accidents, sont liées d'une manière intime. En effet, en vertu de l'article 6 de la loi sur les assurances contre les maladies, les caisses d'assurances contre les maladies doivent assurer à leurs sociétaires :

1° Depuis le commencement de la maladie, traitement médical gratuit, ainsi que lunettes, bandages et autres moyens curatifs ;

2° En cas d'incapacité de travail, à compter du troisième jour de la maladie et pour chaque jour de travail, une indemnité en argent, égale à la moitié du salaire local d'usage des journaliers ordinaires.

Les secours cessent au plus tard à l'expiration de *la treizième semaine* après le commencement de la maladie.

Or l'article 7 de la loi sur les assurances contre les accidents est ainsi conçu :

L'indemnité en cas de lésion corporelle consiste en :

1° Les frais de la cure, depuis le commencement de *la quatorzième semaine* qui a suivi l'accident ;

2° Une pension à servir à la victime de l'accident depuis le commencement de *la quatorzième semaine* et pendant toute la durée de l'incapacité de travail.

Cette rente sera calculée, etc., etc.

On voit par ce qui précède que les « associations patronales d'assurances contre les accidents » n'en supportent les conséquences qu'après l'expiration de *la treizième semaine* ou en cas de mort. Or, d'après les statistiques, les soins médicaux, les secours donnés aux victimes des accidents, absorbent plus de la moitié des primes payées aux compagnies qui exploitent ce genre d'assurances. Il est vrai de dire que les patrons participent pour un tiers dans les dépenses des caisses d'assurances contre les maladies, mais il n'en paraît pas moins certain que, d'après le système adopté par les Allemands, les patrons ne supportent guère que la moitié des dépenses et des frais qui sont la conséquence des accidents.

Une objection grave a été faite contre l'assurance des accidents. On a prétendu qu'elle exonérait les patrons de toute responsabilité, qu'ils se relâcheraient de la surveillance qu'ils doivent exercer, et qu'il en résulterait une augmentation des sinistres.

Une chose très remarquable et qui a été observée dans tous les pays où l'assurance contre l'incendie a été introduite, c'est que le nombre des incendies a aussitôt augmenté. Mais peut-on établir une comparaison entre des risques de nature si différente ?

Les articles 78, 79 et 80 établissent un mode de surveillance très efficace des fabriques. Les représentants des ouvriers sont appelés à concourir aux décisions relatives à la surveillance des fabriques en vue d'éviter les accidents. Les fabricants qui ne s'y conformeraient pas peuvent être obligés de payer la prime afférente à la catégorie la plus dangereuse et, de plus, être condamnés à une amende. Enfin les articles 95 et 96 permettent aux victimes des accidents d'actionner non seulement les chefs de fabriques qui en auraient été intentionnellement la cause, mais encore les chefs d'industrie, fondés de pouvoirs, représentants ou surveillants qui, par une condamnation pénale, auraient été intentionnellement la cause de l'accident, *ou l'auraient causé par négligence, insouciance de l'attention et de la surveillance qu'ils sont tenus d'exercer en vertu de leurs fonctions*. Dans ce cas, ils sont responsables personnellement de toutes les dépenses qui, en conséquence de cette loi et de la loi relative aux assurances contre les maladies du 15 juin 1883, ont été faites par les associations professionnelles et par les caisses d'assurances contre les maladies. Les fabricants et leurs représentants ont donc le plus grand intérêt à éviter les accidents.

La loi relative à la responsabilité en cas d'accidents, votée dernièrement par notre Chambre des députés, fait porter tout le fardeau sur les chefs d'industrie, alors qu'il résulte des renseignements fournis par les compagnies d'assurances contre les accidents que j'ai consultées, que plus des quatre cinquièmes des accidents ont pour cause la propre imprudence des ouvriers !

Voyons maintenant comment le Gouvernement et le Parlement allemands ont organisé l'assurance contre les accidents des ouvriers industriels, agricoles et forestiers.

Étendue de l'assurance.

La loi comprend une longue nomenclature des personnes soumises à l'assurance. En général y sont astreints tous ceux dont les gains annuels ne dépassent pas 2,500 fr., et qui sont occupés dans des mines, minières, salines, carrières, préparation des minerais, fabriques, hauts fourneaux, chemins de fer, dans la navigation intérieure, dans les ateliers mécaniques et chantiers de constructions, dans toutes les fabriques où existent des moteurs mécaniques, à moins que ces moteurs ne soient employés que passagèrement. Au surplus, l'Office impérial des assurances décide ce qu'on doit entendre par fabriques dans le sens de la loi.

Fixation des gains annuels, en vue des indemnités.

Les paiements en nature et les parts bénéficiaires entrent dans le calcul des salaires. Le gain annuel, en tant que celui-ci n'est pas formé d'un paiement fixe par semaine, est représenté par une somme équivalant à 300 fois le salaire moyen quotidien. Dans les fabriques où les ouvriers sont employés toute l'année et dans lesquelles le nombre des journées de travail est supérieur ou inférieur au chiffre de 300, on prendra pour base le nombre réel des journées de travail.

Pour les ouvriers non adultes et pour les apprentis qui ne reçoivent pas de salaire ou n'ont qu'un salaire minime, on prendra pour base la moyenne du salaire quotidien d'un journalier, telle qu'elle est fixée par l'autorité, conformément à la loi sur l'assurance contre les maladies.

Indemnités.

Les victimes d'accidents auront droit aux indemnités suivantes:

1° En cas de blessures ou de lésions, aux frais de la cure, à compter de *la quatorzième semaine* qui a suivi l'accident. (Voir plus haut.)

2° A une rente qui sera servie à compter de ladite *quatorzième semaine* pendant toute la durée de l'incapacité de travail.

Le chiffre de la rente sera basé sur le salaire gagné par la victime de l'accident pendant toute l'année qui l'a précédé.

Quand le salaire excède 5 fr., l'excédent n'entrera en compte que pour un tiers.

Si la victime n'a pas été occupée une année entière dans la fabrique, on prendra pour base le salaire gagné par un ouvrier de même catégorie dans ladite fabrique ou dans une fabrique de même nature.

Si le salaire n'atteint pas le chiffre du salaire moyen des journaliers ordinaires déterminé par l'autorité pour les adultes, après audition de l'autorité communale, c'est ce dernier qui servira de base.

La rente sera:

a) En cas d'incapacité totale de travail et pendant toute la durée de celle-ci, 66 2/3 p. 100 du salaire ;

b) En cas d'incapacité partielle et pendant la durée de celle-ci, une fraction de la rente *a*, calculée en proportion de la capacité restante.

Il ne sera dû aucune indemnité à la victime de l'accident ou à ses héritiers, si l'accident a été causé intentionnellement par elle.

A compter de *la cinquième semaine* qui a suivi l'accident jusqu'à l'expiration de *la treizième semaine*, la victime de l'accident aura droit au moins à 2/3 de son salaire, et les associations professionnelles seront tenues de payer à la caisse des maladies à laquelle elle appartient la différence entre la somme accordée par celle-ci comme indemnité de maladie et les 2/3 du salaire dont il est question plus haut.

Pour les personnes non assurées à une caisse de maladies, l'entrepreneur devra supporter seul tous les frais incombant à celle-ci.

Indemnité en cas de mort.

1° Pour frais funéraires, 20 fois le chiffre du salaire et au minimum 30 marcs (37 fr. 50 c.);

2° Une rente pour les survivants, basée sur le salaire comme il a été expliqué ci-dessus.

Cette rente sera :

a) Pour la veuve du mort, jusqu'à sa mort ou un nouveau mariage de 20 p. 100; pour chaque enfant orphelin de père, jusqu'à 15 ans, accomplis, de 15 p. 100 et, si l'enfant est aussi orphelin de mère, de 20 p. 100.

Les rentes de la veuve et des enfants ne doivent pas excéder 60 p. 100 du salaire ; si elles dépassaient ce chiffre, elles seraient réduites proportionnellement.

En cas de nouveau mariage, la veuve aura droit à une somme représentant 3 annuités de sa rente.

La veuve n'a droit à aucune indemnité si son mariage n'a été contracté qu'après l'accident.

b) Les ascendants du mort, s'il était leur seul soutien, auront droit à 20 p. 100 de la rente jusqu'à leur mort ou jusqu'à la fin de leur indigence.

Les parents auront la priorité sur les grands-parents.

Les survivants d'un étranger, ne demeurant pas dans le pays à l'époque de l'accident, n'auront pas droit à la rente.

Les créances résultant de l'application de ces dispositions ne peuvent valablement être engagées ni transférées à des tiers, sauf les droits de femmes mariées, des enfants et des Unions de pauvres.

Obligations des Caisses contre les maladies,
les Unions de pauvres, etc.

Les obligations d'assistance des Caisses de secours mutuels et des autres Caisses de maladies, d'invalides, des communes, des Unions de pauvres, etc., demeurent entières.

Assureurs.

Les assureurs sont les industriels exerçant une industrie soumise à l'assurance, réunis en *Associations professionnelles* basées sur la mutualité et instituées dans des circonscriptions déterminées pour les branches d'industrie qui y sont exercées. Les Associations professionnelles peuvent acquérir en leur nom, contracter des engagements valables, ester en justice comme demandeurs ou défendeurs. Les créanciers des Associations mutuelles n'ont d'autre gage que l'avoir de ces associations.

Ressources.

Les dépenses résultant des indemnités à payer et des frais d'administration seront couvertes au moyen de cotisations versées par les membres des associations en proportion du nombre des ouvriers employés et des salaires payés à ceux-ci par chacun d'eux et du degré de danger que présente une fabrique. Pour la première année et en vue de couvrir les frais d'administration, les sociétaires pourront faire payer une cotisation par avance.

Formation des associations professionnelles.

Tout industriel dont l'industrie tombe sous l'application de la loi, est tenu, dans le délai fixé par l'Office impérial des assurances, de déclarer à l'autorité administrative l'existence de la fabrique, la nature exacte de son industrie, et le nombre moyen des ouvriers qu'il emploie.

L'autorité administrative complétera les renseignements relatifs aux fabriques non déclarées ; elle pourra infliger aux délinquants une amende dont le montant pourra s'élever à 100 marcs.

En vue du classement des fabriques en groupes, classes et dispositions de la statistique de l'Empire, l'autorité administrative dressera un tableau des différentes fabriques de sa circonscription, avec l'indication de l'objet et de la nature de l'industrie et du nombre des ouvriers employés, qu'elle remettra à l'autorité supérieure.

Formation volontaire des associations professionnelles.

La formation des associations professionnelles se fait au moyen de la réunion des chefs d'industrie, avec l'assentiment du Conseil fédéral, *qui peut le refuser,* si :

1° Le nombre des fabriques et celui des ouvriers qu'elles occupent ne garantissent pas le fonctionnement durable et efficace de l'association au point de vue des obligations qui résultent pour elle de l'assurance contre les accidents ;

2° Si des fabriques dont l'entrée doit être refusée dans l'association, lesquelles, à cause de leur petit nombre ou du petit nombre des ouvriers qu'elles emploient, sont hors d'état de former une association professionnelle spéciale susceptible d'un bon fonctionnement, et ne peuvent être *utilement* (*zweckmässig*) réunies à une autre association ;

3° Si une minorité s'oppose à la fondation de l'association et propose d'établir, pour des branches d'industrie diverses ou des districts, une association particulière qui sera considérée comme susceptible d'un fonctionnement durable. La décision relative à la formation des associations a lieu à la majorité des voix des industriels convoqués à cet effet individuellement en assemblée générale, par l'Office impérial des assurances à qui la demande a dû en être faite. L'industriel n'occupant pas plus de 20 ouvriers a une voix et jusqu'au nombre de 200 ouvriers, une voix par chaque vingtaine d'ouvriers, et au-dessus de 200 ouvriers, une voix par chaque centaine d'ouvriers astreints à l'assurance.

Formation des associations par le Conseil fédéral.

Pour les branches d'industrie pour lesquelles, dans les délais fixés par la loi, aucune proposition de leur part n'a été faite en vue de la réunion de l'assemblée générale ayant pour objet la formation volontaire d'une association professionnelle, les associations sont instituées par le Conseil fédéral, après *audition des branches d'industrie intéressées.* Les décisions du Conseil fédéral relatives à l'établissement d'associations professionnelles et à l'approbation de la formation d'associations volontaires seront publiées dans le *Moniteur de l'Empire.*

Administration des associations professionnelles.

Les associations professionnelles s'administrent elles-mêmes et doivent introduire dans leurs statuts les règlements d'usage, relatifs aux nom et siège de la Société, aux attributions et à la composition du Conseil d'administration, sur les mesures à prendre en vue d'éviter les accidents et la surveillance à exercer, sur la suspension des affaires d'une fabrique, sur le chiffre des cotisations, etc., etc.

Les associations devront former un fonds de réserve; à cet effet et lors de la première répartition du montant *des indemnités* (Entschädigungsbeträge), il sera prélevé sur les sociétaires une somme égale à 300 p. 100 de ce montant pour la première année, 200 p. 100 pour la seconde année, 150 p. 100 pour la troisième, 100 p. 100 pour la quatrième, 80 p. 100 pour la cinquième, 60 p. 100 pour la sixième et, pour les années suivantes jusqu'à la onzième, 10 p. 100 chaque année. A l'expiration de la onzième année, les intérêts des fonds de réserve seront ajoutés à ces fonds jusqu'à ce que ceux-ci aient atteint une somme double de celle qui est nécessaire annuellement pour satisfaire aux besoins des indemnités. Quand ce chiffre sera atteint, les intérêts pourront être employés à couvrir les frais d'administration. Sur la proposition de l'assemblée générale, les fonds de réserve pourront être augmentés.

L'association professionnelle pourra être divisée en sections locales, administrées par des « hommes de confiance » (*Vertrauensmännern*).

Les statuts devront être approuvés par l'Office impérial des assurances.

Les fabriques seront classées par l'assemblée générale en catégories suivant les dangers d'accident qu'elles présentent; cette assemblée décidera aussi du montant des cotisations (tarif de primes) à exiger des fabriques.

L'établissement et les changements de tarifs devront être approuvés par l'Office impérial des assurances.

La réunion de plusieurs associations en vue de supporter en commun, partiellement ou totalement, les risques de l'assurance, est autorisée, sous la réserve de l'approbation de l'assemblée générale des associations intéressées et de l'assentiment de l'Office impérial des assurances.

Les associations professionnelles devenues incapables d'un fonctionnement utile peuvent, sur la proposition de l'Office des assurances, être dissoutes par le Conseil fédéral. Les fabriques qui faisaient partie de ces associations seront adjointes à d'autres associations, après audition (*Anhörung*) de celles-ci. *En cas de dissolution d'une association professionnelle, ses droits et ses obligations passent à l'État. La garantie des victimes d'accidents est donc absolue.*

Tribunaux d'arbitres.

Dans chaque circonscription d'associations professionnelles, ou par chaque section de celle-ci, il sera formé un tribunal arbitral. Le Conseil fédéral peut ordonner la création de plusieurs tribunaux d'arbitres dans la même circonscription.

Chaque tribunal d'arbitres se compose d'un président permanent (*ständig*) et de quatre assesseurs dont deux nommés par les patrons et deux nommés par l'autorité centrale, et sera choisi parmi les fonctionnaires publics du pays où le tribunal a son siège. Il sera adjoint au président un représentant qui le suppléera en cas d'empêchement.

Représentation des ouvriers.

En vue de l'élection d'assesseurs par les tribunaux d'arbitres, des délibérations relatives aux mesures à prendre pour éviter les accidents et de la participation à l'élection de deux membres non permanents de l'Office impérial des assurances, *des représentants des ouvriers seront nommés pour chaque association, ou section d'association.*

Le nombre des représentants des ouvriers sera égal à celui des membres élus par les associations ou les sections dans les Conseils d'administration.

L'élection a lieu par les Conseils d'administration des différentes caisses d'assurances contre les maladies ayant leur siège dans la circonscription de l'association professionnelle, et comptant au moins dix de leurs membres occupés dans les fabriques composant l'association et jouissant de leurs droits civiques. Les patrons ne prennent point part aux élections. L'élection est faite pour 4 ans ; tous les 2 ans, la moitié des représentants et de leurs suppléants cessent d'exercer leurs fonctions. Les membres sortants sont désignés par le sort et peuvent être réélus. Ils recevront de la caisse de l'association le remboursement de leurs dépenses et une indemnité pour le temps de travail perdu.

Fixation et paiement des indemnités.

Tout accident arrivé dans une fabrique ayant causé la mort d'une personne occupée dans cette fabrique ou une lésion corporelle entraînant une incapacité de travail de plus de 3 jours, doit être déclaré par écrit, dans le délai de 2 jours suivant celui de l'accident, à la police locale, au moyen d'une formule indiquée par l'Office impérial des assurances.

Pour tout accident où la mort est à présumer ou entraînant une incapacité de travail de *plus de treize semaines,* la police locale fera aussi promptement que possible une instruction dans laquelle seront indiqués :

1° La cause et la nature de l'accident ;

2° Les personnes tuées ou blessées ;

3° La nature des lésions et blessures ;

4° Le domicile des personnes blessées ;

5° Les survivants des personnes victimes des accidents, ayant droit à une indemnité, en vertu des dispositions de la loi.

Le chiffre des indemnités est fixé par le Conseil d'administration de l'association professionnelle ou par celui de la section. Mais il est bien entendu qu'en attendant une décision définitive, les victimes des accidents reçoivent *immédiatement les secours nécessaires.*

Le droit à une indemnité se prescrit par 2 années, à compter du jour de l'accident, à moins que les conséquences de l'accident ne se soient manifestées que plus tard.

Recours contre les décisions de l'autorité et de la direction des associations.

Les recours contre une décision de l'autorité administrative qui a rejeté le droit à l'indemnité par le motif que la fabrique où s'est produit l'accident ne fait pas partie des industries astreintes à l'assurance, pourra être porté par la victime de l'accident ou ses survivants, devant l'Office impérial des assurances.

Les recours pour d'autres motifs contre les décisions du Conseil d'administration des associations professionnelles seront portés devant les tribunaux d'arbitres dans un délai de 4 semaines après la signification de la décision, à peine de prescription (*Ausschluss*).

Les jugements des tribunaux d'arbitres peuvent être frappés d'appel à l'Office impérial des assurances. Cet appel n'a pas *d'effet dilatoire.*

Aussitôt que l'indemnité est fixée par le Conseil d'administration, il est remis par celui-ci à l'ayant droit un mandat pour la somme qui lui revient, avec l'indication du bureau de poste qui doit la lui payer. S'il survient des circonstances de nature à amener un changement dans la fixation de l'indemnité, il peut être procédé à une autre fixation.

L'association professionnelle pourra, au moyen d'une somme en argent une fois payée, indemniser les étrangers qui quittent le territoire de l'empire sans idée de retour. Les créances résultant pour l'ayant droit à une indemnité de l'application de la loi ne peuvent être valablement ni engagées, ni cédées à des tiers, ni engagées que pour des sommes dues à la femme et aux enfants légitimes ou à une Union de pauvres ayant droit à une compensation.

Paiement des indemnités par la direction des postes.

Toutes les indemnités à payer en vertu des dispositions de la loi seront *payées à titre d'avances,* sur mandats des directeurs des associations professionnelles par le bureau de poste de l'endroit où l'ayant droit avait son domicile au moment de l'accident. S'il avait changé de domicile, il pourra demander à recevoir son indemnité au bureau de poste de son nouveau domicile.

Deux mois après l'expiration de chaque exercice, les directions centrales des postes enverront le compte des sommes avancées aux diverses associations professionnelles, et désigneront les caisses postales où le remboursement de ces avances devra être effectué.

Le montant des sommes payées par la poste sera réparti entre tous les membres des associations. A cet effet, chaque membre de l'association fera parvenir, dans un délai de 6 semaines, un compte contenant :

1° Le nombre des personnes occupées dans la fabrique dans le cours de l'exercice, et le montant des salaires ou appointements payés ;

2° Un calcul fait en vue de la répartition des cotisations en prenant pour base le montant des appointements et des salaires;

3° La catégorie de risques dans laquelle la fabrique a été classée.

Pour les sociétaires en retard d'envoyer leurs comptes, ils seront dressés par la direction des associations professionnelles ou des sections, sur la proposition d'un homme de confiance à ce commis.

La direction, munie de ces documents, établit le chiffre de la cotisation à payer par chaque membre, nécessaire pour couvrir les dépenses communes.

Chaque membre reçoit un extrait du rôle qui sera établi, avec l'invitation d'en payer le montant dans un délai de 2 semaines, pour éviter toutes poursuites. Chaque membre peut élever des contestations contre l'établissement de son compte, mais il doit provisoirement en acquitter le montant.

Le recouvrement des cotisations en retard se fait de la même manière que celui des taxes communales. Les cotisations irrecouvrables sont à la charge des membres des associations et réparties entre eux.

Les directions des associations professionnelles devront rembourser les directions des postes dans un délai de 3 mois après la réception des comptes.

Les associations en retard dans leurs remboursements pourront y être contraintes par l'Office impérial des assurances. Sur la proposition des directions centrales des postes, celui-ci est autorisé à disposer des fonds liquides des associations et à poursuivre le recouvrement des arriérés, jusqu'à parfait paiement, contre les membres de l'association.

Surveillance des fabriques.

Les articles 82 à 87 de la loi autorisent les associations professionnelles à organiser un système de surveillance, en vue de prévenir les accidents.

Office impérial de l'assurance.

Enfin, il est nécessaire de dire un mot de la création de cette nouvelle institution:

Les associations professionnelles sont soumises, en ce qui concerne l'exécution de la loi, à la surveillance de l'Office impérial de l'assurance.

L'Office impérial des assurances a son siège à Berlin et comprend au moins 3 membres inamovibles, y compris le président, et 8 membres amovibles.

Les 3 membres inamovibles sont nommés à vie par l'Empereur, sur la proposition du Conseil fédéral.

Quatre membres amovibles sont élus par le Conseil fédéral et dans son sein, deux par les directions des associations professionnelles et les deux derniers par les représentants des travailleurs assurés et dans leur sein, par élection séparée.

Il sera nommé, pour chaque membre nommé par les directions des associations professionnelles et par les représentants des ouvriers, un premier et un second suppléant qui les suppléeront en cas d'empêchement.

La surveillance de l'Office impérial s'étend à l'observation des prescriptions de la loi et des statuts ; toutes ses décisions sont définitives, à moins que la présente loi n'en ordonne autrement.

L'Office impérial des assurances a le droit de faire procéder en tout temps à l'examen des affaires des associations. Les directions, les hommes de confiance et employés des associations sont tenus de produire, à toute réquisition de l'Office impérial, les livres, pièces, correspondance, tous les écrits relatifs à la fixation des indemnités et des cotisations annuelles, soit aux délégués de l'Office impérial, soit à lui-même. Ils peuvent y être contraints par des amendes qui peuvent s'élever à 1,000 marcs.

L'Office impérial statue, sans préjudice des tiers, sur toutes les contestations relatives aux droits et aux devoirs des fonctionnaires des associations, à l'interprétation des statuts, à la validité des élections. Il peut contraindre ces fonctionnaires à l'exécution des prescriptions de la loi et des statuts, en les frappant d'amendes pouvant s'élever à 1,000 marcs.

Les frais de l'Office impérial sont à la charge de l'Empire.

Il pourra être établi dans tous les États fédéraux un Office d'assurance.

Il faut dire ici que la Bavière seule a usé de cette faculté.

Responsabilité particulière des chefs d'industrie et des employés.

Les personnes assurées contre les accidents en vertu de cette loi et leurs survivants ne pourront poursuivre la réparation du dommage causé par un accident contre un chef d'industrie ou son représentant ou surveillant, que dans le cas où il aura été établi *par une condamnation pénale* que ceux-ci sont les auteurs intentionnels de l'accident.

Dans ce cas, le droit à l'indemnité sera restreint à la somme excédant celle que l'assuré devra recevoir d'après les prescriptions de la loi.

En cas de condamnation pénale établissant que les chefs d'industrie, fondés de pouvoirs, représentants, surveillants ont causé l'accident intentionnellement, ou sont coupables de négligence ou d'omission de leurs devoirs professionnels, ils seront responsables personnellement de toutes les dépenses qui ont été faites, en vertu de la présente loi et de la loi relative à l'assurance des maladies, du 15 juin 1883, par les caisses d'assurances.

Responsabilité des tiers.

La responsabilité des tiers est réglée par les lois; cependant les réclamations d'un ayant droit à une indemnité contre des tiers seront exercées par l'association si, aux termes de la loi, cette dernière est tenue d'indemniser la victime de l'accident.

Toutes transactions ayant pour objet la diminution de l'indemnité à laquelle ont droit les victimes d'accidents sont interdites.

Les significations d'actes ont lieu par la poste et par lettres recommandées, si ces significations contiennent des prescriptions de délais à observer. Tous documents, pièces, actes, relatifs aux affaires des associations et à des contestations en justice sont affranchis de tous droits de timbre et d'enregistrement.

Statistique de 1886.

Le nombre des associations professionnelles est de 62, comprenant 269,174 établissements, 3,725,313 assurés, dont 251,878 occupés dans les ateliers de l'Empire et des États, et 3,473,435 dans des entreprises privées. La moyenne des ouvriers occupés dans les fabriques et entreprises restait donc à 14.2.

Il s'est produit 10,540 accidents graves, dont 2,714 ont été suivis de mort et 7,824 de lésions ou de blessures.

Le nombre des personnes survivantes de la famille des morts a été de 5,935.

Le nombre des blessés frappés d'une incapacité de travail de moins de 13 semaines a été de 89,619.

Le chiffre des salaires qui a servi de base à l'assurance a été de 2,225,338,000 marcs, soit environ 2 milliards 800 millions de francs, s'appliquant à 3,725,313 assurés, ce qui établirait un salaire moyen annuel de 800 fr. environ, mais il est bon de remarquer que, pour les salaires au-dessus de 4 marcs (5 fr.), l'excédent de 5 fr. n'entre en ligne de compte que pour un tiers. D'un autre côté, également en conformité de la loi, le salaire des journaliers ordinaires sert de base pour les apprentis et les ouvriers non adultes.

Les dépenses se sont élevées à 10,517,383 marcs; sur cette somme 1,915,366 marcs ont été employés en indemnités;

5,463,099 marcs ont été mis au fonds de réserve.

Il est bien difficile de tirer pour l'avenir des conséquences des chiffres indiqués ci-dessus.

Ce qu'il faut remarquer, c'est le nombre très considérable des accidents simples : 89,619 personnes en ont été victimes et ont reçu les soins des *Assurances contre les maladies* pendant moins de 13 semaines.

7,824 accidents ont exigé un traitement dépassant 13 semaines et 2,716 accidents ont entraîné la mort.

Les conséquences pécuniaires de ces accidents ne seront guère appréciables que dans quelques années. Une période d'au moins 10 années sera nécessaire pour établir une évaluation exacte des charges qui incomberont annuellement aux associations professionnelles.

Comme on vient de le voir, la question de l'assurance contre les accidents a été résolue en Allemagne en faisant participer concurremment les associations ouvrières et les associations patronales aux charges résultant des indemnités dues aux victimes des accidents.

La loi allemande solidarise ainsi très heureusement (à mon avis du moins) les intérêts des travailleurs et des chefs d'industrie.

Et je veux dire ma pensée tout entière : il me paraîtrait contraire à l'équité de faire peser exclusivement sur les patrons les charges résultant des accidents de fabriques, quand il est reconnu que sur 100 accidents de ce genre, 80 au moins ont pour cause la propre imprudence des ouvriers. Pour moi, la solution est dans la formation de mutualités ou de syndicats de patrons et d'ouvriers, c'est-à-dire dans l'assurance.

Elle seule peut garantir efficacement le paiement des indemnités et le service des pensions allouées aux victimes d'accidents et à servir pendant des délais indéterminés.

3° ASSURANCE CONTRE LES ACCIDENTS ET LES MALADIES DES PERSONNES OCCUPÉES DANS LES EXPLOITATIONS AGRICOLES ET FORESTIÈRES

(Loi du 5 mai 1886.)

Les ouvriers occupés dans ces exploitations ont droit à la même sollicitude que les travailleurs de l'industrie. Il est évident que, dans les campagnes, les personnes occupées aux charrois, celles qui conduisent et gardent les bestiaux, ou bien emploient les engins mécaniques nouveaux ou des machines à vapeur dont l'usage se répand de plus en plus, ne sont pas moins exposées aux dangers ou accidents que les ouvriers occupés dans les fabriques.

Les lois civiles relatives à la responsabilité envers les ouvriers industriels victimes d'accidents ne s'appliquent même pas aux ouvriers de l'agriculture. Le « Conseil de l'agriculture allemand » s'était ému de cette situation et le Reichstag a reconnu la nécessité d'étendre la loi contre les accidents aux travailleurs agricoles et forestiers.

D'après des statistiques établies avec soin, le nombre des ouvriers et employés qu'il s'agit d'assurer contre les accidents s'élève à près de 7 millions. Si l'on ajoute à ce nombre 4,500,000 qui représentent celui des membres des caisses d'assurances contre les maladies, on arrive au chiffre de près de 12 millions de personnes astreintes à l'assurance.

Voici la décomposition de ce chiffre de 7 millions :

1° Employés de l'agriculture, du jardinage, de l'élevage et des forêts.	53,597
Ouvriers de toute nature occupés aux travaux des champs, prairies, horticulture, laitage, élève d'animaux utiles :	
a. Membres des familles occupés dans l'exploitation du chef de famille	2,499,866
b. Domestiques, servantes, aides, jardiniers, artisans. . . .	1,850,918
c. Journaliers agricoles n'ayant pas eux-mêmes une exploitation.	1,440,777

d. Personnes ayant elles-mêmes une exploitation et qui travaillent en même temps comme journaliers.	875,887
e. Personnes de la famille travaillant chez les personnes désignées par la lettre *d*.	98,824
f. Domestiques, servantes, aides travaillant chez les mêmes personnes.	21,491
2° Aides et ouvriers dans le jardinage d'art et le commerce de jardinage, ainsi que dans les pépinières.	39,305
3° Aides et ouvriers de l'apiculture, de la sériciculture, pêche. .	819
4° Aides et ouvriers employés dans les forêts, à la chasse. . .	97,695
Total	6,978,579

J'ai déjà fait remarquer avec insistance qu'en ce qui concerne les assurances contre les accidents de l'industrie, l'assurance contre les maladies en était la base essentielle. Il était difficile de faire dépendre l'assurance contre les accidents de l'agriculture et de la sylviculture, de l'établissement de l'assurance obligatoire contre les maladies. Mais comme l'article 2 autorise les communes ou les communes étendues (*Weitere Communal-Verbände*) à établir l'obligation de l'assurance obligatoire contre les maladies, c'est une faculté dont elles useront certainement lorsque la chose sera possible, par la raison que la loi relative à l'assurance contre les accidents agricoles et forestiers, entièrement semblable sous ce rapport à l'assurance contre les accidents de fabriques, n'accorde de secours aux victimes de l'accident qu'à compter de la treizième semaine. S'il n'existe pas dans la commune où l'accident s'est produit, une caisse d'assurances contre les maladies, c'est l'Union des pauvres de l'endroit, c'est-à-dire la commune, qui sera tenue de faire soigner à ses frais le malade pendant ces treize semaines. Or, dans les petites communes, l'assistance publique, par suite de manque de ressources, existe à peine.

La loi nouvelle, relative aux accidents des ouvriers agricoles-forestiers, aura donc pour effet probable de favoriser l'extension à ces derniers de l'obligation de l'assurance contre les maladies et de l'épargne forcée, par la formation de caisses d'assurances comprenant un certain nombre de communes.

Ils ne pourront être affranchis de faire partie d'une caisse de maladies que sur la proposition du patron, et s'ils prouvent qu'ils ont un droit légal à être assistés par celui-ci pendant au moins treize semaines. Il faut encore que la solidité et la solvabilité du patron soient reconnues suffisantes.

A l'expiration de son contrat avec le patron, ou si celui-ci annonce son entrée dans une caisse contre les maladies, il fera partie d'une de ces caisses. Si l'ouvrier annoncé était malade au moment de la déclaration d'entrée, cette déclaration n'aurait pas d'effet légal.

Il en sera de même si le patron ne présente pas des garanties suffisantes ; dans ce cas, le malade ne reçoit pas les secours stipulés par la loi relative aux assurances contre les maladies, et ils lui seront donnés, aux frais du patron, par la caisse communale d'assurances contre les maladies, que cela concerne.

Les cotisations sont recueillies d'après les dispositions de la loi relative à l'assurance contre les maladies, c'est-à-dire que les patrons sont autorisés à retenir à leurs ouvriers, à chaque paie, le montant de la prime nécessaire et sont obligés de contribuer pour un tiers dans les dépenses.

On voit par ce qui précède que la loi relative à l'assurance des accidents des ouvriers agricoles et forestiers est calquée, en ce qui concerne la responsabilité des associations de patrons, sur celle des assurances contre les risques de l'industrie :

1° Les travailleurs et employés dans les exploitations agricoles et forestières, dont les gains annuels ne dépassent pas 2,500 fr., sont assurés contre les suites des accidents survenus pendant le travail ;

2° Les assureurs sont réunis en associations professionnelles par décision du Conseil fédéral et par les soins de l'administration provinciale ; et comme en général il s'agit d'une seule et même industrie (l'agriculture), on peut, en vue de diminuer les frais, organiser les associations d'après les circonscriptions territoriales. En conséquence, les provinces forment les circonscriptions des associations professionnelles, et les districts correspondent aux sections ;

3° Les cotisations sont réparties de la même manière et d'après les mêmes principes que dans les associations professionnelles de l'industrie.

Elles peuvent être recueillies, si cela est jugé nécessaire, au moyen de taxes ou d'impôts supplémentaires, sur les membres des associations (art. 33 de la loi).

On voit que les dispositions de cette nouvelle loi sont presque en tout semblables à celles relatives aux assurances contre les risques de l'industrie, en ce qui concerne notamment le règlement des sinistres, la représentation des ouvriers, les tribunaux d'arbitres, la surveillance des exploitations, la fixation et le chiffre proportionnel des indemnités, le paiement de ces indemnités, à titre d'avance par les bureaux de poste, et la répartition du paiement de ces indemnités entre tous les patrons en proportion de l'importance de leurs exploitations, du nombre des ouvriers employés, et du degré de danger qu'elles peuvent présenter.

Et enfin, comme je l'ai déjà dit souvent, les associations ouvrières contre les maladies sont tenues de soigner à leurs frais les victimes d'accidents pendant 13 semaines.

Pour les ateliers de l'Empire ou des États fédéraux auxquels est étendue, en vertu de la loi, l'assurance de l'exploitation forestière, c'est l'Empire ou chaque État qui prend la place des associations de patrons.

Cette loi n'a pas encore reçu une application complète. Elle rencontrera sans doute, dans la pratique, certaines difficultés d'exécution; l'administration devra triompher de l'apathie et de l'inertie paysannes, plus difficiles à vaincre qu'une résistance ouverte.

Cependant, en Bavière (d'après les nouvelles qui me sont parvenues récemment), où les *Landräthe* (préfets) sont chargés de l'organisation de l'assurance agricole contre les accidents, ces institutions vont fonctionner prochainement.

4° L'ASSURANCE CONTRE LA VIEILLESSE ET LES INVALIDES DU TRAVAIL

(Loi du 4 mai 1889.)

L'assurance contre les maladies et contre les accidents du travail industriel, des transports y compris la navigation, des travaux de construction, des travaux agricoles et forestiers, protège environ 10 millions de personnes.

Fidèle à la promesse qu'il avait faite dans un discours prononcé à Francfort-sur-Mein, en mai 1887, M. de Bötticher, ministre d'État de l'Empire, a présenté au Reichstag, dans le courant de 1888, un projet de loi relatif à la fondation d'institutions de prévoyance pour les vieillards et les invalides du travail.

Ce projet a pour objet de compléter les institutions d'assurances déjà existantes, et de garantir aux travailleurs arrivés à la vieillesse ou devenus incapables de travailler, l'*indispensable de l'existence*.

Le ministre allemand pense que lorsque ce projet de loi aura été adopté, l'Allemagne possédera un ensemble d'institutions de prévoyance humanitaires qui fera l'envie de toutes les autres nations et qu'elles seront forcées d'imiter.

De même que les assurances contre les maladies et les accidents, l'assurance contre la vieillesse et l'invalidité est basée, il est à peine besoin de le dire, sur le principe d'une participation *obligatoire.*

Dix millions d'ouvriers et d'employés, occupés dans l'industrie, l'agriculture, etc., sont déjà astreints à l'assurance.

Dans l'opinion des auteurs du projet, on possède ainsi une base largement suffisante pour établir d'ores et déjà des caisses de retraite pour les vieillards et les invalides du travail, et il n'est pas nécessaire d'attendre que la loi relative aux assurances contre les accidents reçoive une nouvelle extension et soit appliquée à certaines catégories d'ouvriers qui n'y sont pas encore astreintes, telles que les professions qui n'emploient pas de moteurs mécaniques, et qui n'occupent pas plus de 10 ouvriers. Au fur et à mesure que le besoin s'en fera sentir, la loi sera étendue à ces catégories de travailleurs, et l'on y comprendra les pêcheurs, les gens de maison, et même le personnel des maisons de commerce. Mais toute application de l'assurance contre les accidents à de nouvelles catégories de personnes devra être soumise à l'approbation du Conseil fédéral. Ainsi, dans un temps donné, toute personne, de l'un ou l'autre sexe, vivant de son travail, et dont les gains annuels ne dépasseront pas 2,000 marcs, sera astreinte non seulement à l'assurance contre les maladies, ou assurée contre les accidents, mais sera tenue de faire partie de la caisse des retraites de la vieillesse et des invalides du travail, et de payer une cotisation prélevée sur ses appointements ou sur son salaire.

On estime que lorsque la loi aura été étendue à toutes les catégories d'ouvriers et d'employés, le nombre des assurés ne sera pas de moins de 12 millions !

Sont exceptés de cette obligation les employés de l'Empire ou d'un État fédéral, ou bien encore les membres d'une association communale, en tant que, par des dispositions particulières, ces personnes auront droit à une pension au moins égale à celle qui va être établie par la caisse des retraites de la vieillesse et des invalides du travail.

D'après le projet de loi, toute personne ayant atteint l'âge de 70 ans, et toute personne invalide, *quel que soit son âge,* aura droit à la pension fixée, en tant qu'elle ne touche pas déjà une rente en vertu de la loi sur les accidents du travail. Dans l'exposé des motifs (*Gründzüge*) qui accompagne le projet de loi, il est exprimé le regret de ne pouvoir régler en même temps le sort des veuves et des orphelins ; il sera nécessaire d'attendre pour cela que l'exécution de la nouvelle loi, relative aux caisses de retraite, ait fourni des données permettant d'aborder et de résoudre cette partie du problème social.

Pour avoir droit à la pension *de retraite de la vieillesse,* l'assuré devra avoir atteint l'âge de 70 ans accomplis, et avoir payé ses cotisations pendant 30 années comprenant chacune 300 jours de travail. Les jours de maladie accompagnés d'incapacité de travail dûment constatée comptent, bien que la cotisation ne soit pas exigible.

Le droit à la pension de retraite pour *invalidité* sera acquis par le paiement de cinq annuités de primes ; toutefois, si avant l'expiration de ces cinq années, il est prouvé que l'invalidité résulte d'une maladie causée par le travail, le droit à la pension s'ouvrira immédiatement. La pension pour *invalidité* sera au minimum de 150 fr. (120 marcs) pour les hommes. Cette pension augmentera annuellement de 5 fr. (4 marcs) après un paiement de 15 annuités de primes, jusqu'à concurrence de 250 mars (312 fr. 50) qui sera le maximum de la pension que pourra obtenir un assuré[1]. Pour atteindre ce maximum, il faudra que l'assuré ait payé 48 annuités de primes. Ainsi, un ouvrier qui depuis l'âge de 18 ans aura payé ses cotisations, aura droit, arrivé à l'âge de 66 ans, au maximum de la rente. N'est-ce pas le cas de parler du *petit nombre des élus ?*

Les femmes auront droit aux deux tiers de la pension fixée pour les hommes.

Les auteurs du projet estiment qu'au moyen d'une somme annuelle de 156 millions de marcs (195 millions de francs), la loi pourra recevoir son exécution. L'Empire, les patrons et les ouvriers fourniront chacun un tiers de cette énorme somme, laquelle ne comprend pas les frais d'administration.

Je vais essayer de déterminer quelles charges cette nouvelle application de l'épargne obligatoire imposerait, individuellement et en *moyenne,* aux ouvriers et aux patrons, en prenant pour base les chiffres statistiques indiqués dans l'exposé des motifs de la loi.

---

1. L'argent a beaucoup plus de valeur en Allemagne qu'en France. La différence ressort à 20 p. 100 au moins. Une somme de 150 fr. *en Allemagne* correspondrait donc *en France* à 180 fr. environ. (*Note du rédacteur.*)

Étant donné le chiffre de 12 millions d'assurés, la dépense annuelle par tête sera de 13 marcs (13 marcs × 12 millions = 156 millions de marcs).

Un tiers de ces 156 millions est à la charge des ouvriers, et un tiers à la charge des patrons, soit 52 millions pour les ouvriers et 52 millions pour les patrons. (L'autre tiers, on le sait, doit être fourni par l'Empire.)

52 millions répartis entre 12 millions d'assurés, donnent par tête une dépense *moyenne* de ($\frac{52}{12}$) 4m,33, c'est-à-dire 5 fr. 50 environ par tête et par an. Comme les retenues seront proportionnelles aux salaires, il y a des assurés qui paieront beaucoup plus de 5 fr. 50 par an. L'assurance contre les maladies coûte en moyenne 18 fr. par an aux ouvriers et aux employés ; si l'on ajoute à cette somme celle de 5 fr. 50 pour la prime de la retraite, l'assurance contre les maladies et la vieillesse et l'invalidité pourra s'élever annuellement à 23 fr., soit environ 2 fr. par mois. Telle sera la retenue qui devra être faite aux ouvriers et employés sur leurs appointements ou salaires, et au moyen de laquelle ils seront soignés en cas de maladie et auront droit à une retraite pour cause d'invalidité ou de vieillesse.

Les patrons de leur côté auront à payer la somme de 5 fr. 50 pour chaque personne qu'ils occupent, soumise à l'assurance contre la vieillesse et l'invalidité.

Voyons maintenant, *toujours par approximation*, les charges que les nouvelles institutions imposeront aux patrons :

1° Assurance contre les maladies, pour moitié de la prime payée par les ouvriers.	9f 00c
2° Assurance contre la vieillesse et l'invalidité	5 50
3° On calcule que l'assurance contre les accidents représentera une dépense de 1 1/8 p. 100 du salaire, soit sur un salaire moyen de 900 fr..	10 15
Total	24f 65c

Chaque ouvrier ou employé coûterait donc, d'après les calculs dont l'expérience seule permettra de contrôler l'exactitude, au patron, annuellement, une somme d'environ 25 fr., pour sa participation à l'assurance contre les maladies ; pour l'assurance contre les accidents, et enfin l'assurance contre la vieillesse et l'invalidité. Un chef d'industrie occupant 100 ouvriers dépensera ainsi 2,500 fr. annuellement. On pourrait signaler ici une coïncidence remarquable : en admettant le chiffre de 12 millions d'assurés à 25 fr. par an, on arrive au chiffre de 300 millions; comme les patrons auront de leur côté à dépenser 25 fr. par tête d'ouvrier, on arrive au même chiffre de 300 millions, soit au total 600 millions que coûteront aux patrons et aux ouvriers les nouvelles institutions d'assistance obligatoire.

Le gouvernement impérial a basé son projet de loi de caisses de retraite sur le système de l'assurance sur la vie à primes fixes. Dans ce système bien connu, l'assuré paie une prime annuelle, *toujours la même*. Et comme, pendant les 20 premières années au moins, le montant des primes payées dépassera de beaucoup la dépense annuelle, les excédents seront mis en réserve, absolument comme dans les compagnies d'assurances à primes fixes. On calcule que la première année une somme de 2,400,000 marcs (3 millions de fr.) répondra amplement aux besoins. La prime à payer par les patrons et les ouvriers ensemble étant de 104 millions de marcs, et l'Empire n'ayant à fournir pour la première année que son tiers, 800,000 marcs, c'est donc plus de 103 millions de marcs qui seront mis en réserve. Quant à la contribution à fournir par l'Empire, elle sera inscrite annuellement au budget.

Telles sont les grandes lignes de ce projet d'assurances contre la vieillesse et l'invalidité.

L'énormité des sommes nécessaires à son exécution éveille certaines appréhensions chez beaucoup de membres du Parlement allemand; mais le gouvernement de l'Empire et en particulier le prince de Bismarck maintiennent énergiquement leur projet, et il paraît probable que cette loi, qui propose avec tant de hardiesse la solution d'un grand problème social, finira par être adoptée, sans grandes modifications [1].

Me voici arrivé au terme de mes études sur les nouvelles institutions allemandes d'assistance, basées *sur l'obligation de l'épargne*. Il paraît démontré qu'elles atteindront dans un temps donné le but visé dans le discours de l'empereur Guillaume, que j'ai cité et qu'elles permettront de donner aux travailleurs malades des secours plus abondants que ceux qu'ils recevaient de l'Assistance publique. Voyons maintenant comment l'assistance publique proprement dite fonctionne en Allemagne.

---

1. Elle a été en effet votée le 4 mai 1889, mais à la faible majorité de 20 voix.

III. — FONCTIONNEMENT DE L'ASSISTANCE PUBLIQUE EN ALLEMAGNE

J'ai déjà dit qu'il y a en Allemagne plusieurs législations différentes régissant l'assistance publique proprement dite, savoir :

1° La législation française maintenue en Alsace-Lorraine ;

2° Une législation spéciale pour la Bavière et le Palatinat ;

3° La loi fédérale du 6 juin 1870 dite « loi sur le domicile de l'assistance » qui régit les 23 États fédéraux de l'Allemagne ; mais il faut remarquer que chacun de ces États a édicté pour soi une loi spéciale relative à l'exécution de la loi fédérale. En Allemagne, ce sont les communes qui dispensent l'assistance, subsidiairement les provinces et les États interviennent pour secourir les indigents que les communes ne sont pas tenues d'assister.

Quant à l'État, en vertu de l'article 33 de la loi d'exécution du royaume de Prusse, il demeure complètement étranger aux questions d'assistance et il ne contribue en rien aux dépenses de celle-ci. Ce sont donc les communes et les provinces qui ont à supporter exclusivement les charges de la bienfaisance publique.

A l'époque où la loi a été adoptée (1870), les législateurs allemands considéraient comme un grand danger d'engager, même dans les proportions les plus restreintes, la responsabilité de l'État dans les dépenses nécessitées par l'assistance des pauvres.

Nous voici en 1889 et il semble que nous sommes dans un monde nouveau. Vingt années se sont écoulées et l'État est devenu le facteur principal des nouvelles institutions de prévoyance et d'assistance ; la logique des faits le forcera, avant peu d'années, à intervenir dans le fonctionnement et les dépenses de l'assistance publique proprement dite.

Les assurances contre les maladies des ouvriers, contre les accidents survenant aux ouvriers de l'industrie et de l'agriculture, ont été successivement établies dans les années 1883, 1884, 1885 et 1886, en vertu de lois votées par les deux Chambres du Parlement allemand. Ces lois *sont applicables sur toute l'étendue du territoire de l'Empire, indépendamment des 'ivisions politiques*, ce qui établit une première différence essentielle avec la loi sur l'assistance publique du 4 juin 1870.

C'est l'Empire qui provoque la formation des associations appelées à faire exécuter ces lois, qui examine, approuve leurs statuts, surveille leur fonctionnement, préside à l'établissement de leurs tarifs de primes, etc., etc. L'État est le banquier des associations professionnelles de patrons, chargées exclusivement de l'exécution des lois relatives à l'assurance contre les accidents du travail ; enfin, en cas de liquidation de ces associations, si elles se trouvaient dans l'impossibilité de fonctionner, c'est à l'Empire qu'incombe (art. 33) l'exécution des engagements de ces associations et que passent tous leurs droits légaux. Il est impossible dès aujourd'hui de dire à quels sacrifices pécuniaires l'Empire peut être entraîné par suite de ces dispositions. Ces sacrifices, il est vrai, ne sont qu'éventuels; néanmoins, nous sommes, on le voit, bien loin de cet autre article 33 cité plus haut d'une autre loi, qui affranchissait l'État de toute obligation à l'égard de l'exécution des lois d'assistance !

Mais la loi relative à l'établissement de caisses de retraite pour la vieillesse et les invalides du travail qui vient d'être votée par le Reichstag, n'impose pas à l'Empire que des sacrifices éventuels, elle détermine exactement la part des dépenses à la charge de la grande communauté, de l'État. Celui-ci doit contribuer pour un tiers dans les dépenses que nécessiteront les pensions de retraite à servir aux vieillards et aux invalides du travail. Certains Allemands estiment que dans un délai de 20 ou 25 ans, la part contributive annuelle de l'État ne sera pas inférieure à 80 ou 100 millions de francs. Et cependant l'État n'est pas arrivé au terme de ses sacrifices. En effet, lorsqu'on aura lu l'exposé du fonctionnement de l'assistance publique, on verra les lacunes de la loi qui la régit; avant peu d'années, l'Allemagne sera amenée à procéder à une réforme complète de la législation actuelle de l'assistance, *dont l'insuffisance est reconnue de tous.*

Il faudra que l'État demande aux communes riches d'aider les communes pauvres, et leur fournisse les moyens de remplir les obligations d'assistance qui leur sont imposées. En un mot, l'État devra intervenir de telle sorte que l'assistance obligatoire inscrite dans la loi cesse d'être une vaine formule et devienne une réalité ! Telle est la logique inéluctable des choses.

Application de la loi dite : du domicile de l'assistance.

Dans son message au Reichstag (1881) que j'ai déjà eu l'occasion de citer, l'empereur Guillaume Ier recommandait chaudement à cette Assemblée d'adopter les projets de loi présentés par son gouvernement, relatifs à l'assurance contre les maladies des ouvriers et les accidents du travail ; il disait « que ceux (*diejenigen*) qui sont devenus incapables de travailler soit par suite de leur âge, soit par suite d'invalidité, ont, vis-à-vis de l'État (*die Gesammtheit*), un droit fondé à une plus grande somme d'assistance *que celle qui leur a été fournie jusqu'ici* ». Et l'empereur ajoutait que ce but ne pouvait être atteint qu'au moyen de grands sacrifices de la part de l'État ; et, conséquent avec ces prémisses, il demandait au Reichstag d'accorder dans ce but une large subvention (*qui fut d'ailleurs refusée*).

En prononçant ces paroles, l'empereur avait en vue l'insuffisance des secours accordés aux indigents et aux malades par l'assistance publique.

Ne voulant pas et ne pouvant pas créer d'impôts nouveaux, l'empereur et ses conseillers ont cherché à atteindre le but qu'ils se proposaient par la formation d'associations basées sur la mutualité obligatoire.

Une expérience de plusieurs années déjà peut faire croire qu'ils ont en partie réussi ; il est bon toutefois d'attendre encore quelque temps pour proclamer le succès définitif de ces nouvelles institutions d'assistance mutuelle.

Nous allons voir maintenant comment fonctionne l'*assistance proprement dite,* dont l'empereur Guillaume Ier et le prince de Bismarck estiment insuffisants les secours qu'elle distribue aux indigents.

L'ouvrage très intéressant publié récemment par M. Henri Monod, directeur de l'assistance publique, et contenant la statistique de toutes les dépenses de l'assistance publique en France dans le cours de 1885, va nous permettre, en nous appuyant sur des données exactes, d'établir une comparaison entre le chiffre des dépenses faites en France pour cet objet et le chiffre des dépenses faites en Allemagne pour le même objet et dans la même année 1885.

Le tableau n° XXXIV résume tout le travail de M. Monod. On y voit que les dépenses payées par l'impôt se sont élevées, en 1885, à la somme de 89,242,096 fr. 10 c., dont Paris à lui seul a acquitté 31,753,167 fr. 72 c., soit 35.58 p. 100.

Quant aux dépenses qui ont été couvertes au moyen de fondations, ou avec les ressources propres des établissements publics, elles se sont élevées à la somme de 94,879,003 fr. 04 c., qui, ajoutée à celle de 89,242,096 fr. 19 c., fournit une somme de 184,121,099 fr. 23 c., qui représente le chiffre total des dépenses de l'assistance publique française pendant l'année 1885.

Pendant la même année et pour les communes, les provinces qui, on le sait, supportent toutes les dépenses publiques d'assistance en Allemagne, le chiffre de la dépense s'est élevé à la somme de 109,665,797 fr. On voit tout de suite que la France dépense beaucoup plus que l'Allemagne en frais d'assistance. Et cependant l'assistance publique est obligatoire en Allemagne et elle n'est en France que facultative. La France n'a que 38 millions d'habitants et l'Allemagne en compte environ 47 millions ! Il est cependant indispensable de mentionner ici la création de 16,628 caisses d'assurances obligatoires contre les maladies des travailleurs, instituées en vertu de la loi de 1883, et qui ont employé 57,505,000 fr. en soins médicaux, remèdes, indemnités pour journées de travail perdues, frais de sépulture, soins aux femmes en couches, etc.

Si l'on considère, et, je crois, avec raison, ces nouvelles institutions *de prévoyance forcée* comme des annexes de l'assistance publique, on ajoutera ce chiffre de 57,505,000 fr. indiqué plus haut à celui des dépenses de l'assistance publique qui est de 109,665,797 fr., et l'on trouvera que le chiffre total des dépenses de l'assistance s'est élevé en 1885, pour toute l'Allemagne, à 167,170,197 fr. Cependant, en Allemagne beaucoup de personnes pensent que pour une certaine partie les dépenses de l'assistance publique seront atténuées par ces nouvelles institutions. N'oublions pas de dire que l'assurance obligatoire pèse exclusivement sur la classe des travailleurs, tandis que les dépenses d'assistance publique sont à la charge de tous les citoyens *sans exception*.

En France, pour la même année, la dépense a été de 184,121,099 fr., ce qui constitue en nombre absolu une différence de près de 17 millions dans le chiffre de dépenses des deux pays ; mais la différence relative est bien plus considérable.

L'Allemagne, en effet, comptait, à cette époque, une population d'environ 47 millions d'individus et la France seulement 38 millions. Si l'on divise 184,121,099, chiffre des dépenses publiques de l'assistance publique en France par 38 millions, on trouve que la dépense par tête a été, en 1885, de 4 fr. 84 c.

En faisant la même opération pour l'Allemagne, en divisant 167,170,197 fr., montant des dépenses d'assistance, par 47 millions, qui représentent approximativement le chiffre de la population, on voit que la dépense a été par tête en 1885 de 3 fr. 56 c.

Quelle est la cause de cette différence de 1 fr. 28 c., c'est-à-dire de 35 p. 100 par tête dans les dépenses publiques d'assistance en France et en Allemagne? On trouvera, je crois, la réponse à cette question dans le cours de ce travail.

En réalité, les dispensateurs de la bienfaisance publique sont dans une situation toute particulière et remplissent dans l'État une fonction très délicate. Dans un intérêt d'humanité et aussi, il faut le dire, dans l'intérêt de la sécurité publique, ils ont mission de secourir, d'assister les indigents.

Mais dans quelle mesure? Si les secours qu'ils accordent aux pauvres paraissent insuffisants, on les accuse d'inhumanité ; s'ils donnent trop, s'ils donnent au delà de l'indispensable, ils sont exposés à ce qu'on leur reproche d'encourager le penchant au *dolce far niente* si cher à presque tous les hommes, que la plupart d'entre eux ne se soumettent au travail que pressés par le besoin, et que les plus prévoyants n'économisent et n'amassent qu'en vue de se procurer les ressources nécessaires pour arriver un jour à vivre à leur aise dans l'oisiveté.

Pénétrés de ces idées, les législateurs allemands n'admettent pas que les pauvres reçoivent au delà de l'indispensable, *du strict nécessaire.*

Dans la circulaire de 1871, relative à l'exécution de la loi, le comte Eulenbourg, ministre de l'intérieur, insiste particulièrement sur ces principes, dont l'inobservation contribuerait, dit-il, à la démoralisation des masses.

Il ajoute toutefois qu'il y a certaines circonstances où la rigueur de la loi peut être adoucie, et il s'en rapporte pour ces cas particuliers à l'humanité des administrateurs de l'assistance.

L'assistance publique est absolument basée, en Allemagne, sur la commune d'abord, subsidiairement sur les provinces ou les États fédéraux. L'État central n'intervient guère que pour la formation de l'Office fédéral, pour l'indigénat et l'exécution des arrêts de cette haute magistrature.

D'après l'article 33 de la loi relative à l'exécution de la loi sur le domicile de l'assistance, toutes dispositions relatives aux charges résultant *pour l'État* des frais de certaines branches de l'assistance publique, sont et demeurent abrogées. Les législateurs allemands ont agi sous l'empire de cette opinion qu'il y aurait un grand danger à obliger l'État à participer aux dépenses de l'assistance publique. On verra plus loin la preuve de ce que je viens de dire.

L'assistance publique a donc pour organes uniques :

1° La commune ou plusieurs communes réunies, les domaines terriens (*Gutsbezirke*), ou des communes réunies à des domaines terriens ;

2° Les provinces ou les États fédéraux qui forment ce qu'on appelle en allemand des *Landarmenverbände*, mot qui, pris dans son sens étymologique, n'a pas de sens, et qui signifie réellement : Union des pauvres sans domicile.

Pour plus de clarté je me servirai du mot *assistance communale* quand il s'agira des secours distribués par les communes, et du mot *assistance provinciale* pour désigner l'organisme subsidiaire et spécial auquel incombe, en vertu de la loi, l'obligation d'assister les indigents que la commune n'est pas tenue d'assister d'une manière définitive (*endgültig*) et permanente (art. 5 de la loi), c'est-à-dire les indigents ayant un domicile d'assistance dans une autre commune et les indigents dépourvus de domicile d'assistance, ce qu'on nomme en allemand *Landarme*.

D'après l'article 1er de la loi prussienne du 8 mars 1871, toute union de pauvres, c'est-à-dire toute commune tenue à l'assistance d'un indigent, *doit lui donner un asile, les aliments indispensables à l'existence, les soins nécessaires en cas de maladie, et en cas de mort une sépulture convenable.* Cette obligation s'étend aux indigents qui, habitant sur leur territoire, sont en possession du domicile de l'assistance, laquelle s'acquiert de diverses manières, ainsi que cela a été expliqué précédemment et notamment par un séjour de deux années consécutives dans la même commune après l'accomplissement de la 24e année, et se perd par une absence également de deux années consécutives. L'article 8 stipule que la réunion et la formation des unions de pauvres a lieu en vertu des lois qui décident également du mode et de la quotité de secours à accorder, des moyens de se procurer les ressources nécessaires, dans quels cas l'assistance provinciale est tenue de venir en aide aux communes.

Pour la complète intelligence de cet article, il est nécessaire de dire que la loi sur le domicile de l'assistance a laissé à chaque État fédéral la liberté de régler lui-même les voies et moyens d'exécution. Chaque État a donc sa loi particulière d'exécution; ces lois ont entre elles beaucoup d'analogie, mais l'importance du fait gît dans ceci, que l'exécution des lois d'assistance échappe à la compétence du tribunal suprême pour l'indigénat.

Il est nécessaire de mentionner ici la loi relative à la liberté de séjour et de circulation (*Freizügigkeitsgesetz*) du 1er novembre 1867 ; d'après cette loi, qui a été mise en vigueur sur tout le territoire de l'Empire, y compris la Bavière et l'Alsace-Lorraine, tout Allemand a le droit de s'établir dans n'importe quel endroit de l'Empire où il est en état de se procurer une habitation propre ou une demeure (*Unterkommen*), à la condition qu'il puisse prouver qu'il est sujet de l'Empire, et qu'il a l'agrément de ses parents, tuteur ou époux. Les individus ayant subi des condamnations et soumis par la police à certains séjours, ou qui, dans l'espace de 12 mois, ont été condamnés pour récidive, de vagabondage ou de mendicité, peuvent être l'objet d'un refus de séjour. *Mais la commune a le droit d'expulser un nouvel arrivant, si elle peut prouver que celui-ci ne possède pas les fonds ou les ressources suffisantes pour faire vivre lui et sa famille.* L'appréhension d'un appauvrissement futur n'autorise la commune à aucune expulsion. Mais si le besoin d'assistance se fait sentir avant que le nouvel arrivant ait acquis le domicile de l'assistance dans la commune, celle-ci peut l'expulser, si elle prouve (à qui? la loi ne le dit pas et manque ainsi de sanction) que l'assistance de l'indigent est devenue nécessaire pour d'autres motifs qu'une incapacité de travail temporaire.

Je ne saurais trop insister sur l'importance de cette loi, qui permet aux communes de mauvaise volonté d'expulser tout individu menacé d'indigence et de l'empêcher d'acquérir le domicile de l'assistance. On pourra voir, dans le cours de ce travail, quel usage font de cet article de loi sur la liberté de séjour un grand nombre de communes.

J'ai déjà dit plus haut que le domicile de l'assistance se perdait par une absence de deux années consécutives.

Néanmoins, les communes sont tenues de secourir et d'assister provisoirement même les malades et les indigents *sans domicile de secours*, qu'on nomme en allemand *Landarme*, d'où vient le nom de *Landarmenverbände*, qui désigne les établissements *tenus* d'assister cette catégorie d'indigents.

Les frais de ces établissements sont à la charge des provinces ou des États fédéraux, et l'article 5 de la loi déjà citée stipule que dans un délai d'un an, c'est-à-dire dès le 1er juillet 1871, chaque État fédéral devra remplir les fonctions de *Landarmenverband* et fonder des *Landarmenverbände* dans des régions largement délimitées, où ces établissements n'existent pas encore.

La commune qui a donné des secours à un indigent sans domicile d'assistance, ou qui a son domicile d'assistance dans une autre commune, a droit à répéter les dépenses qu'elle a faites : dans le premier cas au *Landarmenverband*, c'est-à-dire à la province ; dans le second cas à la commune où l'assisté a son domicile de secours. Cependant les personnes en service, les ouvriers, aides, apprentis, qui deviennent malades dans la commune où ils sont occupés, doivent obligatoirement être soignés aux frais de ladite commune pendant six semaines, et la commune assistante n'a le droit de réclamer aucune indemnité pour les personnes de cette catégorie que si la cure a duré plus de six semaines, et à compter du jour où ce délai de six semaines est expiré. Les maîtres sont tenus de faire soigner à leurs frais les domestiques devenus malades à leur service.

Le montant des indemnités que les communes ont le droit de réclamer, dans les cas indiqués ci-dessus, est fixé par décision ministérielle; voici le tarif des frais que les communes prussiennes sont autorisées à se réclamer mutuellement pour un malade ou un indigent incapable de travailler ayant plus de 14 ans :

Pour les grandes villes de 1re et de 2e classe désignées nominativement dans le tarif, environ 0 fr. 82 c. ; pour toutes les autres localités, 0 fr. 62 1/2 c. par jour de soin.

Ne sont pas compris dans ce tarif, le prix des parties d'habillement fournies et les soins des médecins et des chirurgiens. Le tarif moyen médical et chirurgical est fixé à 12 1/2 c. par jour, sauf les dépenses extraordinaires résultant de cas de blessures ou de maladies graves et contagieuses.

Voyons maintenant comment fonctionne en Allemagne l'assistance publique dans les communes urbaines et dans les communes rurales; il y aura lieu aussi de faire connaître la manière dont fonctionne l'assistance provinciale et la nature spéciale de ses services.

Notons d'abord qu'il existe en Allemagne *70,949* unions de pauvres ou communes d'assistance pour une population totale de *46,855,704 habitants*. Notons aussi que ces 70,949 unions constituent chacune un domicile d'assistance. Les communes urbaines sont au nombre de 2,230, comprenant une population de 16,990,242 personnes, et les communes rurales ont une population de 29,865,462 habitants répartis entre 68,719 communes d'assistance.

La moyenne de la population totale des communes urbaines et rurales est de 661; elle est pour les villes de 7,772, et il y a des communes où elle descend à une moyenne de 144 habitants, et qui n'en sont pas *moins tenues à l'assistance, malgré leur peu de ressources.* Nous verrons un peu plus loin si et comment elles remplissent les devoirs de l'assistance obligatoire que la loi leur impose.

Parlons d'abord des villes.

Assistance publique urbaine.

Disons tout de suite qu'il existe en Allemagne cinq communes, Berlin, Breslau, Königsberg, Potsdam et Stuttgard, qui ont renoncé à toutes répétitions contre les provinces pour l'assistance qu'elles donnent à un indigent sans domicile (aux *Landarmen*). Pour le malade et l'indigent qui ont un domicile d'assistance, elles ne manquent pas de réclamer à la commune où l'indigent a son domicile de secours les dépenses qu'elles ont faites pour lui. On dit des villes précitées qu'elles sont à la fois unions locales et unions provinciales de pauvres. On peut admettre également qu'elles font une large application de la loi dite: Loi sur la liberté de séjour et de circulation.

Lorsqu'après 1815, la paix eut rendu à l'Europe une tranquillité dont 25 années de guerres l'avaient privée, il se produisit dans les arts, dans l'industrie, un mouvement extraordinaire. L'application de la vapeur, l'invention d'engins mécaniques nouveaux et puissants, favorisèrent l'établissement des grandes usines. *La grande industrie se fonda,* les fabriques se multiplièrent et attirèrent bientôt dans les villes un grand nombre d'habitants des campagnes. Ceux-ci s'habituèrent à de perpétuels changements de séjour, causés, il faut le dire, par la mobilité des affaires et la nécessité de se procurer du travail.

L'ancien système d'assistance devint bientôt insuffisant, particulièrement dans les villes livrées presque entièrement à l'industrie, et comptant de nombreux ouvriers, [illegible] *la population* enfin se *renouvelle incessamment* et s'accroît. C'est Elb[illegible] qui eut l'honneur de prendre (en 1852) l'initiative de la réforme de l[illegible]tance publique. Le système nouveau qu'elle inventa donna des résultats très remarquables ; il fut connu, apprécié et imité par toutes les villes de l'Allemagne où son application est possible.

Les réformateurs d'Elberfeld sont partis de ce principe que chaque indigent doit être considéré et examiné à part au point de vue de ses occupations, de ses habitudes d'existence, de ses capacités physiques et intellectuelles, et que l'assistance à lui donner doit correspondre aux circonstances qui constituent son individualité :

Quelles causes ont amené le besoin d'assistance? Quand l'indigent *n'est pas atteint visiblement de maladie,* et quand il paraît sain d'esprit, quels vices, quels malheurs ont amené sa chute et sa misère?

La concurrence acharnée que se font les industriels a-t-elle causé la ruine de l'usine où il trouvait à gagner son pain? L'industrie même qu'il exerçait n'a-t-elle pas été détruite par une de ces inventions qui permettent de substituer le travail d'une machine aux bras humains et jettent subitement sur le pavé des milliers d'hommes en leur enlevant tous moyens d'existence?

Il faut dans ce cas que l'indigent, victime de circonstances économiques et sociales indépendantes de toute prévoyance humaine, ait le temps d'apprendre un nouveau métier et de se procurer de nouveaux moyens de travail et d'existence. Bien d'autres causes encore peuvent amener la gêne, sinon l'indigence absolue : l'augmentation du prix des vivres, la cherté des petites locations par exemple.

Ce sont là des infortunes absolument dignes d'intérêt, mais à côté d'elles il y a les faux pauvres, les gens très nombreux, malheureusement, qui ne craignent pas d'exploiter la charité de leurs concitoyens pour vivre dans l'oisiveté et dans le bien-être.

Pour obtenir des informations précises sur la situation réelle des indigents, il fallait nécessairement avoir le concours d'un grand nombre d'hommes honnêtes, intelligents, de bonne volonté.

L'organisation de l'assistance publique d'Elberfeld date du 19 juillet 1852, elle a été revisée en 1861 et en 1876.

Pour l'administration de l'assistance, il a été établi à Elberfeld une députation, en vertu de l'article 54 de la loi municipale, pour la province du Rhin du 15 mai 1856, en conformité de l'article 3 de la loi prussienne du 8 mars 1871 relative à l'exécution de la loi fédérale sur le domicile de l'assistance. Cette députation porte le nom de : Administration municipale des pauvres.

Elle consiste, indépendamment du bourgmestre qui en est le président ou d'un délégué dudit, en 4 membres pris dans le conseil municipal et en 4 citoyens jouissant de leurs droits civiques et qui sont élus pour 3 années par le conseil municipal.

Chaque année, un conseiller municipal et un citoyen sortent de l'administration, et la troisième année 2 conseillers et 2 citoyens sortent également. Les premiers sortants sont désignés par le sort ; ultérieurement, les sorties ont lieu suivant la durée des fonctions. Les sortants sont rééligibles.

L'administration municipale des pauvres a pour fonction d'exercer sa sollicitude à l'égard de tous les indigents qui réclament légalement de la commune d'Elberfeld des secours à titre d'indigent.

En vertu de l'article 4 de la loi du 8 mars 1871, relative à l'exécution de la loi sur le domicile de l'assistance, tout membre de la commune jouissant de ses droits civiques *est tenu* d'accepter des fonctions gratuites pendant 3 années consécutives dans l'administration communale des pauvres, et il ne peut être affranchi de cette obligation que s'il est constamment malade, s'il a des affaires qui l'obligent à des absences prolongées, s'il occupe un autre emploi public, ou s'il a atteint l'âge de 60 ans et plus. Les autres motifs d'abstention sont appréciés par la représentation communale.

Celui qui a occupé ces fonctions pendant 3 années est déchargé de l'obligation de les exercer pendant le même délai ; mais s'il s'y refuse sans motif légal, il peut être privé de ses droits civiques pendant une durée de 3 ou 6 années, et être obligé de payer de 1/8 à 1/4 en sus des taxes communales qu'il acquittait déjà. Disons tout de suite que ces fonctions ne sont jamais refusées et qu'elles sont remplies avec zèle et conscience.

A Elberfeld, par exemple, l'assistance communale des pauvres est aidée dans sa tâche par 31 présidents de districts (*Bezirksvorsteher*) et 434 *curateurs des pauvres* (*Armenpfleger*) pour l'assistance ouverte, c'est-à-dire des pauvres secourus à domicile.

En ce qui concerne l'assistance donnée dans des maisons de secours municipales fermées, l'administration en est confiée à une députation administrative spéciale.

Les curateurs se réunissent au moins une fois par mois chez le président du district.

Celui-ci a la direction d'un district composé de 14 quartiers; chaque curateur a le soin d'un quartier indiqué par les numéros de maison. En général il n'a à s'occuper que de 5 à 6 pauvres ou ménages de pauvres, *pas davantage*. Toute demande de secours municipaux doit être faite au domicile du curateur du quartier, qui doit immédiatement faire une enquête sur la situation de l'indigent. En cas d'urgence, il est même autorisé à accorder sur-le-champ un secours de peu d'importance. Dans tous les autres cas, il doit porter la demande devant le président du district, dans la réunion des curateurs, qui décide à la majorité des voix.

L'administration municipale des pauvres a spécialement pour devoirs :

1° De rechercher la cause de l'appauvrissement et s'informer des circonstances des classes pauvres de la population, afin de proposer les mesures nécessaires à l'autorité municipale pour y obvier;

2° De présenter au conseil municipal le budget annuel de l'assistance des pauvres;

3° De faire emploi des fonds affectés à l'assistance publique par le conseil municipal ;

4° D'examiner à l'avance le compte annuel des recettes et des dépenses à faire par l'assemblée des délégués de la ville ;

5° De rendre compte chaque année de son administration.

L'administration du bien des pauvres et des fondations demeure sous la sauvegarde, avec tous les titres y relatifs, et sous l'administration de l'autorité administrative municipale.

Les dons en nature et les vêtements sont distribués directement par l'administration des pauvres.

Toutes sommes remises soit aux présidents de district, soit aux fournisseurs, sont payées par la caisse communale sur mandat écrit du président.

Voilà les dispositions générales ; voyons maintenant les détails.

1° Secours aux indigents incapables de travailler. L'indigent incapable de travailler est secouru par les ressources municipales, en tant que des tiers ne soient tenus de l'assister ou que des institutions de charité privée ne l'aident, si lui ou un autre pour lui en fait la demande.

2° L'indigent capable de travailler, s'il prouve qu'il a honnêtement cherché à travailler et à gagner son pain lui-même, mais inutilement, peut être également et passagèrement secouru, si des tiers en situation de le faire et obligés à le secourir n'existent pas, *jusqu'à ce qu'il ait trouvé à gagner de quoi vivre.*

Il est obligé de faire le travail qui lui sera assigné, en rapport avec ses forces.

Les personnes seules ou les chefs de famille qui sont en état de se procurer pour eux et leur famille l'indispensable de l'existence, ne sont pas considérés comme ayant besoin de l'assistance municipale.

Les sommes regardées comme nécessaires pour se procurer l'indispensable de la vie, pour la nourriture, les vêtements, le logement et le ménage, peuvent être, en général et *pour chaque semaine,* estimées comme suit :

1° 3 00 marcs (3 fr. 75 c.) pour le chef de famille.
2 00 — — la femme vivant avec son mari.
2 00 — — un enfant de 15 ans et au-dessus.
1 80 — — — de 10 à 15 ans.
1 30 — — — de 6 à 10 ans.
1 10 — — — de 1 à 5 ans
0 80 — — — au-dessous d'un an.

12 00 marcs (15 fr. par semaine) pour une famille ainsi composée et 3 marcs pour une personne seule.

Les curateurs ont d'abord à s'assurer de l'existence de l'indigence, et, sauf les cas d'urgence, ils doivent en référer au bureau de l'administration des pauvres, *qui doit vérifier et fixer le domicile de l'assistance.*

a) Ils doivent s'informer si l'indigent a une famille et du nombre de ses membres;

b) Quelles ressources l'impétrant et les membres de sa famille peuvent avoir au moyen du travail ou d'autres sources de revenus;

c) Si des tiers ne sont pas obligés *légalement*, parents, enfants, époux, etc., ou par contrat, à le secourir et, circonstance à noter, les recours peuvent être exercés contre tous parents jusqu'au degré successible.

Les curateurs doivent s'informer si l'indigent n'est pas membre d'une caisse de maladie ou de toute autre association.

Les curateurs doivent également rechercher les pauvres honteux; ils doivent aider les indigents à trouver du travail, enfin les secourir aussi bien moralement que matériellement. Dans les contrées de l'Allemagne où la recherche de la paternité est permise, ils doivent rechercher les pères des enfants naturels pauvres et exercer un recours contre ceux-ci. D'après la loi, en Saxe, les pères naturels peuvent être tenus de pourvoir à l'éducation et à la nourriture de l'enfant jusqu'à ce qu'il ait atteint l'âge de 15 ans. En Prusse, les parents du père naturel peuvent être déclarés responsables.

Ce sont les réunions de districts qui déterminent le quantum de l'indispensable à accorder à chaque indigent, soit en argent, soit en vêtements, literie, ou choses nécessaires à la vie. Les dons en argent forment la règle générale; des soupes peuvent être distribuées. On peut accorder également des vêtements et de la literie. Pour empêcher l'abus que les pauvres font souvent de ces objets en les vendant ou en les engageant, il n'en sera délivré que peu à peu et pour des usages visiblement indispensables. Le curateur devra d'ailleurs, à cet égard, exercer une surveillance particulière. Les soins médicaux, médicaments, secours des accouchées, bandages, cercueils, frais d'enterrement sont accordés. En Allemagne, l'instruction primaire est obligatoire, *mais non gratuite*. C'est l'assistance publique qui se charge, *en général*, du paiement de la rétribution scolaire mensuelle que les indigents sont hors d'état d'acquitter pour leurs enfants.

A la fin de chaque année, l'administration municipale indique aux présidents de districts et aux curateurs les noms du pharmacien, du bandagiste, du marchand de vins, et d'autres fournisseurs auxquels ils doivent s'adresser.

Assistance fermée.

Les personnes sans asile, s'ils ne sont pas en état de s'en procurer un, peuvent être passagèrement logées dans un local appartenant à la ville.

Les personnes âgées, faibles, isolées, peuvent être recueillies dans une maison de pauvres, sur la proposition du curateur à l'assemblée du district. Celle-ci doit en référer à l'administration des pauvres. La ville possède une maison pour les orphelins et un asile pour les enfants abandonnés, où ces malheureux sont recueillis, après un examen attentif de leur situation, et apprennent un état; un hôpital pour les malades, un établissement spécial pour les affections épidémiques.

Après défalcation de certaines sommes employées à des dépenses extraordinaires, les dépenses de l'assistance publique se sont élevées (en 1886-1887), y compris les frais d'administration, les besoins de la maison de pauvres municipale, de l'institution des orphelins et des enfants abandonnés, de l'hôpital, de l'établissement spécial pour les maladies contagieuses, et y compris aussi les frais de construction extraordinaires et de provisions et d'achats extraordinaires pour l'assistance fermée, à la somme de 512,479 m. 98 pf., soit à 4 m. 58 pf. par tête d'habitant. En 1885-1886, la dépense par tête avait été de 4 m. 81 pf., en 1884-1885 de 4 m. 90 pf., en 1883-1884 de 4 m. 82 pf., en 1879-1880 de 4 m. 82 pf. On voit que la dépense moyenne par tête d'habitant varie très peu.

Voici maintenant la proportion du chiffre de l'ensemble des assistés relativement à la population en 1886-1887 :

Pauvres assistés (extérieurement)	2,359 personnes
Assistés dans les établissements fermés (maisons de pauvres, d'orphelins et d'enfants abandonnés, d'aliénés)	576 —
Ensemble	2,935 personnes

ou 2.68 pour 100 habitants.

Dans le courant de cette même année, ont été secourus *sans interruption* :

Pauvres extérieurs (*Aussenarme*)	1,279 personnes.
Et dans les établissements fermés.	386 —
Ensemble	1,666 personnes,

soit 1.52 par 100 habitants.

Ont reçu temporairement des secours :

Pauvres extérieurs	3,078 personnes.
Dans les établissements fermés	626 —
Ensemble	3,704 personnes,

Soit 3.38 par 100 habitants.

En totalité donc, dans le cours de l'exercice de 1886-1887, 5,370 personnes ont reçu des secours de l'assistance publique (soit sans interruption 1,666 et temporairement 3,704), ce qui donne une proportion de 4.90 par 100 habitants.

La proportion des années antérieures a été comme suit :

3.17 p. 100 en	1885-1886.
5.82 —	1884-1885.
5.81 —	1883-1884.
6.69 —	1881-1882.
6.62 —	1880-1881.
6.44 —	1879-1880.

Le nombre des malades soignés dans l'hôpital ne doit pas être pris en considération, parce que beaucoup d'entre eux ont été admis contre paiement des frais, et que les autres appartiennent, comme assistés, à d'autres institutions ou à des familles recevant l'assistance ouverte, et sont, à ce titre, déjà compris dans les nombres indiqués ci-dessus, ou bien enfin sont des étrangers.

Voici enfin, pour la complète édification du lecteur, le tableau des dépenses de l'assistance publique de la ville d'Elberfeld, depuis l'application sérieuse du système auquel elle a donné son nom.

L'examen attentif du tableau qui suit peut suggérer bien des réflexions. Je ne suis pas en tout cas arrivé aux mêmes conclusions que M. H. Saint-Marc, qui a publié dans le numéro de septembre 1886-1887 de la *Revue d'économie politique*, un article d'ailleurs très intéressant sur le système d'Elberfeld.

Tableau des dépenses de l'Assistance publique de la ville d'Elberfeld, depuis l'application du système (1856 à 1888).

ANNÉES.	DÉPENSES.	RECETTES spéciales.	EXCÉDENTS des dépenses.	REPRISE des excédents de l'exercice précédent.	DÉPENSES à couvrir par des taxes communales	POPULATION.	IMPÔTS par tête d'habitant.
	marcs. pf.	marcs. pf.	marcs. pf.		marcs. pf.		
1856. . .	204,296 31	37,635 39	166,660 92	»	166,660 92	51,632	3,23
1857. . .	186,107 46	42,017 43	144,090 03	»	144,090 03	52,590	2,79
1858. . .	226,387 64	42,518 91	183,863 73	»	183,863 73	53,375	3,44
1859. . .	214,398 86	41,714 05	172,684 81	1,489 15	171,195 66	53,495	3,20
1860. . .	214,025 94	47,429 16	166,596 78	2,670 98	163,925 80	54,002	3,03
1861. . .	221,192 16	51,187 73	170,005 23	1,953 25	168,051 98	56,277	2,99
1862. . .	224,139 66	55,460 05	168,679 61	150 »	168,529 61	57,937	2,91
1863. . .	218,924 04	53,887 82	161,406 22	»	161,406 22	59,774	2,70
1864. . .	254,834 81	73,559 48	181,275 33	1,588 37	179,636 96	61,995	2,90
1865. . .	258,352 30	86,611 21	171,741 09	7,830 18	163,909 01	63,686	2,53
1866. . .	274,321 94	80,753 61	193,568 33	5,872 21	187,696 12	64,963	2,89
1867. . .	295,567 02	98,672 34	196,894 68	8,554 65	183,340 03	65,321	2,83
1868. . .	288,300 66	108,900 02	179,400 64	7,568 74	171,831 90	67,000	2,57
1869. . .	266,532 19	118,035 75	148,496 44	4,887 41	143,609 03	71,000	2,03
1870. . .	292,481 01	111,692 26	180,788 75	5,489 77	175,298 98	72,000	2,43
1871. . .	314,083 24	121,496 14	192,587 10	5,961 51	186,625 59	71,775	2,60
1872. . .	325,900 96	130,204 99	195,695 77	7,019 35	188,616 12	71,000	2,55
1873. . .	345,591 35	138,121 58	207,472 77	5,843 59	201,629 18	78,000	2,58
1874. . .	387,563 92	157,625 42	230,298 50	6,323 20	223,975 30	81,000	2,76
1875. . .	365,568 54	108,939 79	216,628 75	9,863 04	206,765 71	80,599	2,57
1876. . .	393,569 25	189,559 95	204,009 30	6,[illegible]03 89	197,706 41	83,600	2,36
1877-1878	418,051 42	219,597 63	198,453 79	603 35	197,850 44	86,100	2,30
1878-1879	454,211 86	287,814 79	166,397 07	87 10	166,309 97	90,000	1,65
1879-1880	469,319 54	235,138 40	234,181 14	2,351 67	231,829 47	93,530	2,48
1880-1881	519,792 53	240,912 66	278,879 87	1,063 41	277,816 46	93,600	2,97
1881-1882	496,968 42	256,352 18	239,616 24	148 »	239,468 24	96,600	2,50
1882-1883	496,820 06	272,298 39	224,522 36	759 36	223,763 »	99,100	2,26
1883-1884	507,548 90	275,348 42	232,200 48	632 40	231,568 08	101,000	2,29
1884-1885	527,334 03	274,006 14	253,327 89	4,293 60	249,034 29	103,200	2,41
1885-1886	536,274 39	280,109 01	256,109 25	2,733 23	253,373 07	106,700	2,37
1886-1887	535,964 »	297,559 98	238,374 02	3,817 58	234,556 44	109,600	2,14

Pour bien comprendre comment fonctionne *financièrement* l'assistance publique dans cette ville, il est nécessaire de faire connaître à l'aide de quelles ressources elle pourvoit à ses dépenses. Ces ressources ne proviennent nullement, comme paraît le croire M. Saint-Marc, *du concours des libéralités privées.* Voici le tableau des recettes qui ne proviennent pas des taxes municipales :

	Marcs.	pf.
1° Intérêts des fondations et des immeubles	40,929	67
2° Intérêts du fonds de réserve de la caisse d'épargne d'Elberfeld	41,403	24
3° Bénéfices du *Moniteur quotidien*	92,608	51
4° Bénéfices du mont-de-piété	3,740	97
5° Amendes et contraventions de police	20,810	51
6° Recettes sur les théâtres, lieux de plaisir	8,820	»
7° Dons pour achats de charbon, présents de Noël	6,913	05
8° Bénéfices de l'administration de l'assistance fermée (travail des pauvres, etc.)	8,051	46
9° Remboursement de frais d'assistance et de maladie, d'enterrement, cotisations	72,806	96
10° Loyer d'une maison d'école	200	»
11° Diverses	1,215	58
Total	297,589	98

Ainsi, en 1886-1887, les recettes spéciales se sont élevées à 297,589 m. 98 pf. Ces mêmes recettes, composées des mêmes éléments, étaient en 1856 (il y a 30 ans) de 37,635 m. 39 pf., c'est-à-dire qu'elles ont presque décuplé, et cependant la population n'a guère fait qu'un peu plus de doubler depuis cette époque. Elle était en effet en 1859 de 51,632 habitants, et en 1886-1887 de 109,600. L'augmentation de la population de cette ville, et conséquemment du nombre des pauvres à secourir, a donc eu sa contre-partie dans un accroissement considérable de certaines recettes spéciales, affectées au soulagement des indigents. La contribution à fournir par la ville en 1856 pour couvrir l'excédent des dépenses sur les recettes a été de 166,600 m., alors que la ville comptait seulement 51,632 habitants. Aujourd'hui qu'Elberfeld a 110,000 habitants, cette même contribution ne s'élève qu'à 234,556 m., soit une augmentation de 67,890 m. seulement; *c'est-à-dire d'environ 40 p. 100*, et cela *quand la population a plus que doublé.*

Il est résulté de cet accroissement énorme des recettes spéciales, que la dépense par tête d'habitant pour l'assistance publique est descendue de 3.23 à 2.14. Et, chose très remarquable, pendant que les dépenses diminuaient, la moyenne des secours, qui n'était que de 35 m. 37 pf. par chaque pauvre, s'est élevée ultérieurement à 54 m. 49 pf. annuellement. Il est vrai de dire que dès la première année de l'inauguration de ce nouveau mode d'administration, en 1853, les dépenses de l'assistance sont brusquement tombées de 178,645 m. à 90,083 m. Et comme j'avais des doutes sur des résultats aussi extraordinaires, j'en ai écrit à M. Audisio, consul de France à Dusseldorf, qui a très complaisamment transmis mes observations à M. Döring, vice-consul de France à Elberfeld. Et celui-ci m'a affirmé de la manière la plus positive, que les économies réalisées par la ville d'Elberfeld dans l'administration de l'assistance publique avaient pour cause unique l'institution des Curateurs des pauvres. Toutes dilapidations sont devenues ainsi impossibles; les vrais pauvres seuls ont été secourus. Et M. Döring affirme que, d'après l'ancien système, la ville d'Elberfeld aurait, à raison de 3 m. 55 pf. par tête d'habitant, dépensé pour l'assistance publique, depuis 1853 jusqu'en 1885-1886, la somme de. . . . 8,506,296 m.

. Grâce au nouveau système la dépense a été, à raison de 1 m. 70 pf. par tête d'habitant, de 1853 à 1885-1886, de 4,079,037

L'application du système nouveau a donc procuré à la ville d'Elberfeld, de 1853 à 1886, une économie de 4,427,259 m. soit 5 millions et demi de francs.

Enfin, M. Döring ajoute que dans toutes les villes allemandes où le système d'Elberfeld a été appliqué, il a donné des résultats excellents. Partout, dit-il, le vrai pauvre reçoit des secours plus abondants qu'auparavant. En établissant la pratique de la division du travail, M. Daniel von der Heydt, qui est le fondateur du système, a dit souvent que Moïse lui a servi d'exemple. Et, en effet, on voit dans la Bible que Moïse avait préposé des surveillants pour chaque dizaine et pour chaque centaine d'hommes. Ce n'est pas d'ailleurs surtout l'économie sur les dépenses d'assistance publique qui a été le but des auteurs de ce système. Leur but principal a été d'arriver à une répartition équitable des secours, d'éliminer les oisifs, les indignes, les faux pauvres, et de pouvoir augmenter ainsi la part des malheureux vraiment intéressants et besoigneux. Ce but a été atteint et il fait beaucoup d'honneur à la ville où ce nouveau système a été inauguré. Il appartenait, d'ailleurs, à une cité entièrement manufacturière, d'appliquer à l'assistance publique le principe de la division du travail qui produit de si merveilleux résultats dans l'industrie. La plupart des villes allemandes ont adopté ce système; il est pratiqué dans toutes les communes où son application a été reconnue possible.

Le docteur Emil Muensterberg, juge à Berlin, auteur d'un ouvrage très remarquable sur la législation allemande de l'assistance[1], pense que ce n'est pas un bon signe pour l'administration de l'assistance que le système d'Elberfeld ait produit un effet si extraordinaire qu'il ait été désigné comme le système de l'individualisation de l'assistance, alors qu'il ne s'agit simplement que de remettre en vigueur et de revivifier des principes rationnels anciens. Cette manière de procéder remonte, en effet, aux temps apostoliques où les diacres et les diaconesses étaient les auxiliaires des évêques. Ces principes commencèrent à être négligés dès le troisième siècle de notre ère, jusqu'à ce qu'une conception particulière de l'aumône, qui la fit considérer comme un acte d'expiation, ait amené les esprits à une idée fausse du sens de l'assistance des pauvres.

La municipalité d'Elberfeld qui a, si l'on veut, fait revivre le système de la primitive Église, a eu, à mon sens du moins, une idée géniale, et en outre le grand mérite de la mettre en pratique. Cette gloire peut lui suffire.

Ainsi que je l'ai déjà dit, ce système a été adopté dans toutes ou presque toutes les villes de l'Allemagne, avec les modifications et les tempéraments suggérés par les mœurs et les circonstances locales. J'ai donné une analyse complète du système d'Elberfeld, afin de faire comprendre comment l'assistance publique était pratiquée en général dans les villes allemandes, et ne pas être obligé d'entrer dans des redites fastidieuses. Je veux cependant relever des particularités relatives à quelques villes.

Hambourg et ses faubourgs sont divisés en 264 quartiers, dans chacun desquels un curateur sert d'intermédiaire aux indigents. La réunion de plusieurs quartiers forme un cercle à la tête duquel est un président. Il existe à Hambourg 15 cercles, à la tête desquels le président et une commission composée d'un curateur et du médecin du cercle décident des demandes d'assistance.

La ville de Brême est partagée en 164 districts; cinq districts forment un cercle, parmi lesquels un président et des membres élus s'occupent des affaires de l'assistance.

A Lübeck, l'assistance publique est administrée par un collège composé de 2 membres du sénat et de 42 députés placés à la tête de 42 cercles d'assistance.

1. *Die Deutsche Armen Gesetzgebung*, von Dr Emil Muensterberg, Gerichtsassessor in Berlin, chez Duncker et Humblot. Leipzig, 1887.

Cologne compte 48 cercles d'assistance et près de 600 curateurs; Leipzig est partagé en 43 districts d'assistance comprenant chacun un certain nombre de curateurs au nombre de plus de 400, et possédant chacun un local où ils se réunissent toutes les semaines, généralement le vendredi soir à 8 heures. A chaque district est attaché un médecin. Le président du district et, à son défaut, son suppléant (*Stellvertreter*), ont des heures de réception déterminées où les indigents peuvent venir les trouver. Les médecins ont également des heures de consultations déterminées.

Il est, je crois, inutile de poursuivre et de parler de l'assistance publique dans les autres villes : Dresde, Stuttgardt, Dusseldorf, Munich, Francfort-sur-le-Mein, etc.

En résumé, l'application du système dit d'Elberfeld a donné de bons résultats. Il permet d'agir en connaissance de cause, d'écarter les parasites, d'exercer des recours utiles contre les personnalités tenues à l'assistance, soit légalement, soit par contrat. De cette manière on a augmenté les ressources des villes en diminuant les dépenses et on peut secourir efficacement les pauvres vraiment dignes d'intérêt.

Les manières de procéder sont partout à peu près les mêmes. Cependant la traduction du *Règlement de l'assistance* (*Armen-Ordnung*) d'une de ces villes, par exemple de celui de Leipzig ou de Berlin, contenant les instructions aux curateurs, la division par quartiers, l'administration en général, les formules, aurait certainement son intérêt. Mais ce travail pourra être fait à part et ne doit pas figurer dans ce travail qu'il allongerait indéfiniment.

Notons que presque toutes les villes ont adopté un maximum à peu près égal pour les besoins de l'existence d'un indigent. Voici ce maximum pour chaque semaine :

	2m,25	pour le chef de famille.	
	1 75	pour la femme.	
	1 50	pour les enfants de 15 ans et au-dessus.	
	1 30	—	de 10 à 15 ans.
	1 10	—	de 5 à 10 ans.
	1 10	—	de 1 à 5 ans.
	1 00	—	de moins d'un an.
Ensemble . .	10 00	marcs (soit 12 fr. 50 c.)	

pour une famille consistant dans les personnes susnommées.

Ce qui me frappe, c'est que dans toutes les villes allemandes on ait admis comme un *chiffre normal* le nombre de cinq enfants ! Avoir beaucoup d'enfants! La plupart des économistes déplorent l'infériorité de la France à cet égard. Qui ne voit cependant que le grand nombre d'enfants est une des causes qui appauvrissent l'Allemagne et l'obligent à de continuelles émigrations! Les Français n'ont pas assez d'enfants, mais les Allemands en procréent jusqu'à l'imprévoyance, jusqu'à l'indiscrétion. Parmi les causes du besoin d'assistance, la statistique constate que sur le chiffre de 1,592,386 pauvres secourus, les indigents assistés, à cause du grand nombre d'enfants, figurent pour 115,146! Soit 7.2 p. 100 *du nombre des assistés!*

Il est accordé 3 marcs pour une personne vivant seule, et 5 marcs pour deux personnes vivant ensemble.

Le montant de cette aumône hebdomadaire est destiné à pourvoir aux dépenses absolument indispensables à l'existence.

J'ai dit que presque toutes les villes avaient adopté ce maximum; il est bon d'ajouter que Cologne, par exemple, Francfort, Dusseldorf, etc., se montrent un peu plus libérales. Comme Elberfeld, dont j'ai donné le tarif plus haut, leur maximum hebdomadaire s'élève à 12 marcs (15 fr.), soit 60 fr. par mois, ce qui représente à peu près le salaire quotidien d'un journalier ordinaire à raison de 2 fr. par jour *pour sustenter 7 personnes.*

Remarquons, en outre, que dans toutes les villes c'est l'assistance à domicile, l'assistance dite ouverte qui a la préférence. En Allemagne, sur 100 indigents et malades, 80 sont secourus à domicile. On ne reçoit des pauvres, à titre définitif, dans les maisons hospitalières, que lorsqu'il est reconnu qu'à raison de leur grand âge, ou de leurs infirmités, ils ne peuvent plus vivre sans recevoir les soins qu'ils ne peuvent plus prendre d'eux-mêmes. Dans bien des cas, des vieillards et des infirmes sont placés chez des particuliers honnêtes qui se chargent de leur entretien et de leur donner les soins nécessités par l'âge ou des maladies chroniques. A Munich et en Bavière, les couvents de religieuses, et particulièrement les sœurs de Saint-Vincent-de-Paul, reçoivent un grand nombre de ces pensionnaires qui leur sont confiés par la direction de l'assistance. Ces vieillards y sont admirablement soignés : « les sœurs, disait l'un d'eux à l'administrateur des pauvres de Munich, nous traitent et nous soignent *comme si nous étions leurs enfants!* » Dans d'autres contrées, en Saxe par exemple, les vieillards infirmes sont placés chez des paysans. Ce sont les pasteurs protestants qui se chargent de ce soin et qui veillent à ce que ces vieillards soient bien traités. Moyennant une somme relativement minime et bien inférieure à ce qu'ils coûteraient dans un hospice, les pauvres reçoivent les secours nécessaires. Les enfants abandonnés, les orphelins, sont également confiés à des paysans. Ils y contractent l'habitude d'une vie régulière, y apprennent les travaux des champs. Il a été remarqué que les jeunes filles élevées ainsi à la campagne y recevaient une bien meilleure *éducation morale* que dans les maisons d'orphelinats des villes, qu'elles devenaient de bonnes ménagères, des femmes menant une vie régulière, chose qu'on ne peut guère dire des jeunes filles élevées dans les orphelinats urbains.

La ville de Berlin, à raison de sa grande importance, mériterait un compte rendu spécial et complet de son administration de l'assistance publique, qui est d'ailleurs absolument remarquable. A la tête de cette administration est placé un homme des plus distingués, M. Eberty, syndic de la ville et membre du *Magistrat,* c'est-à-dire de cette fraction du conseil municipal qui forme le pouvoir exécutif et administre les affaires de la ville.

A titre de renseignement provisoire, je dirai que les dépenses de l'assistance publique de Berlin se sont élevées en totalité à 8,522,982 m., soit 10,653,727 fr. pour l'exercice 1886-1887.

Pour aujourd'hui, je me bornerai à faire remarquer que Berlin n'emploie pas moins de 2,080 personnes pour le service de l'assistance publique ouverte. Il est vrai que cette capitale de l'empire d'Allemagne compte (recensement de 1885) 1,315,287 habitants. Cette population augmentant très régulièrement depuis plusieurs années de 3.30 à 3.40 p. 100 par an, Berlin doit avoir en ce moment (avril 1889), de 1,420,000 à 1,425,000 habitants. Si cette ville continue de s'accroître ainsi, dans 10 ans sa population dépassera le chiffre de 2 millions et sera bientôt supérieure à celle de Paris, à moins que l'augmentation de la population parisienne ne suive une progression semblable.

Avant de quitter Berlin, je dois parler de deux choses qui m'ont paru très intéressantes :

En 1873, il a été fondé dans cette ville, avec l'approbation royale et l'octroi de la personnalité civile, une société contre l'appauvrissement (*Verein gegen Verarmung*).

L'objet de la Société, en régularisant la charité privée, est :

1° De protéger contre l'appauvrissement et de secourir les personnes qui se sont appauvries ;

2° D'assister (même sans accorder des secours) les pauvres qui ne pourraient pas se procurer le nécessaire de la vie d'une autre manière ;

3° De supprimer la mendicité dans les rues et dans les maisons.

Les moyens à employer pour atteindre le but qu'on se propose sont les suivants :

a) Secours en argent ou secours équivalents ;

b) Indication de travail, d'emploi, assistance judiciaire, conseils et autres renseignements de nature à remplacer les secours ;

c) Le refus d'aumône à tout mendiant, soit sur la voie publique, soit dans les maisons.

Les ressources de la Société consistent dans les cotisations de ses membres et de dons qui lui sont faits.

Les secours accordés en argent ne le sont qu'à titre d'avance que le secouru devra s'engager à rembourser.

Quant aux secours accordés dans les conditions indiquées sous la rubrique : *Objet de la Société,* ils sont en général considérés comme des dons, et sont couverts, en tant qu'ils sont dispensés par la direction, au moyen de fonds particuliers.

Il suffit, pour être membre de la Société, de payer une cotisation de 15 gros (1 fr. 90 c.).

Le *fait d'être membre de la Société implique l'obligation de refuser toute aumône directe* et de renvoyer le mendiant aux organes de la Société. Afin de protéger les membres de la Société contre la mendicité, elle délivre à chacun de ses membres, contre paiement, une plaque indiquant leur qualité. Il est créé dans toutes les villes des comités locaux composés de sept personnes au moins. Telles sont les dispositions principales des statuts. Voyons maintenant quels résultats ont été obtenus par cette association.

En 1885, les recettes se sont élevées en totalité à 208,740 marcs, et les dépenses à 125,592 marcs, en sorte qu'à la fin de 1885, l'actif de la Société s'élevait à 83,147 marcs, plus de 100,000 fr. Si l'on réfléchit que les cotisations sont fixées à 1 fr. 90 c., on voit que le nombre des membres de la Société est considérable. Il est juste cependant de dire que certains membres généreux et riches contribuent pour de fortes sommes aux recettes sociales par des dons et des legs.

Le nombre des prêts consentis par la Société, depuis 15 ans, a été de 15,288 s'élevant en capitaux à 851,875 marcs, sur lesquels 569,811 marcs ont été remboursés par les emprunteurs ; il a été accordé à titre de dons à 56,188 personnes une somme totale de 888,020 marcs. La Société a également prêté un grand nombre de machines à coudre. Ces chiffres suffisent pour montrer les services que peut rendre une pareille association, imposant de si minimes sacrifices à chacun de ses membres (1 fr. 90 c.) et prouveraient, si cela était nécessaire, les bienfaits de la mutualité [1].

La seconde institution que je désire signaler à Berlin, c'est l'hôpital de la Charité qui, avec l'hôpital principal de Cassel, est le seul établissement de ce genre *dépendant directement de l'État* en Allemagne. C'est une institution magnifique. Les étudiants en médecine de Berlin y trouvent amples ressources d'instruction ; en outre, à l'hôpital de Berlin est attachée une école de gardes-malades. La Charité de Berlin est un très bel établissement. Je doute cependant qu'il l'emporte pour ses installations sur l'hôpital de Leipzig qui m'a semblé réaliser tous les desiderata de l'hygiène et de la science moderne.

J'ai pu le visiter dans tous ses détails ainsi que les autres établissements publics si remarquables de cette ville, en compagnie de notre très distingué consul général M. Auguste Jacquot et de M. le conseiller municipal Ludwig Wolf, directeur de l'assistance publique, dont l'obligeance a été parfaite.

Voici un tableau indiquant les dépenses de l'assistance publique par 100 habitants et la somme moyenne qu'a coûtée l'assistance pour chacune des personnes assistées, dans 21 grandes villes.

---

1. Il a été établi dans diverses grandes villes de l'Allemagne, et notamment à Dresde, des sociétés dans le genre de celle dont je viens de parler, qui rendent également de grands services.

TABLEAU

Tableau indiquant la proportion des assistés dans 21 grandes villes, et la dépense moyenne faite pour chaque assisté dans chacune de ces villes.

NOMS DES VILLES.	PROPORTION d'assistés par 100 habitants.	NOMS DES VILLES.	DÉPENSE par chaque assisté.
Strasbourg	12.10	Dresde	107.5
Dantzig	11.57	Cologne	92.7
Hambourg	10.44	Berlin	91.5
Breslau	9.72	Francfort-sur-Mein	91.1
Königsberg	8.58	Munich	90.9
Brême	8.19	Nuremberg	88.5
Cologne	7.75	Hanovre	86.3
Berlin	6.63	Chemnitz	82.7
Elberfeld	6.48	Leipzig	79.5
Stuttgard	6.16	Altona	63.1
Dusseldorf	5.83	Elberfeld	61.5
Francfort-sur-Mein	5.76	Strasbourg	61.6
Barmen	5.72	Hambourg	60.2
Altona	5.16	Barmen	60.1
Leipzig	5.45	Stuttgard	59.2
Magdebourg	5.25	Magdebourg	53.4
Dresde	5.18	Dusseldorf	52.0
Nuremberg	3.92	Brême	45.6
Chemnitz	3.65	Dantzig	34.1
Hanovre	3.54	Königsberg	32.8
Munich	2.88	Breslau	30.6
Nombre moyen	6.88	Dépense moyenne	69.7

Ce sont donc Strasbourg, Dantzig et Hambourg qui ont le plus grand nombre de pauvres. Et ce sont Dresde, Cologne, Berlin, Francfort, Munich, Nuremberg qui distribuent les secours les plus abondants.

L'article 6 de la loi enjoint aux corporations et à toutes personnes réunies en sociétés investies de la personnalité civile, de fournir, sur la demande qui leur en sera faite, des renseignements sur les secours qu'elles accordent aux nécessiteux du district, sur les fonds qu'elles consacrent à la bienfaisance. Mais cette loi, n'ayant aucune espèce de sanction, ne reçoit pas d'exécution et il a été jusqu'ici impossible aux communes, malgré tous leurs efforts, d'empêcher certains pauvres *de manger à plusieurs râteliers.*

Dresde fait exception. Dans ces derniers temps, les diverses confessions ont consenti à prendre part à l'administration de l'assistance publique civile, et ont donné des renseignements sur le nombre de personnes qu'elles assistent et sur la quotité des secours qu'elles leur accordent. Communions luthérienne, évangélique réformée, catholique romaine, israélite, se sont entendues avec l'autorité civile, et donnent ainsi un bel exemple de tolérance. Il en est de même à Berlin et à Leipzig. Dans tout le reste de l'Allemagne, les efforts dans ce sens de toutes les communes ont absolument échoué, et seule une loi spéciale pourra triompher des résistances des corporations juridiques et des institutions de la charité privée.

Le docteur Böhmert, de Dresde, dans son grand ouvrage sur l'assistance publique, a déjà rendu compte, avec de grands détails, de la manière dont elle est pratiquée dans 77 villes allemandes. Toutes ces cités, sans exception, sont inspirées des mêmes idées et gouvernent presque de la même manière cette partie si importante de l'administration publique.

J'ai entendu dire par plusieurs directeurs de l'assistance publique, et avec un légitime orgueil, il faut le reconnaître, que, dans leur ville du moins, personne n'était exposé à mourir de faim. Dont acte.

Mais en est-il de même dans les petites communes et dans les campagnes? C'est ce que nous examinerons. Au préalable, voyons comment fonctionne l'organe subsidiaire de l'assistance publique en Allemagne, je veux dire l'*Assistance provinciale.*

L'assistance provinciale.

D'après l'article 5 de la loi du 6 juin 1870, l'assistance d'Allemands indigents dont une union de pauvres (une commune) n'est pas obligée de supporter définitivement la charge (c'est-à-dire les pauvres sans domicile, les *Landarmen*), incombe à l'assistance provinciale (*Landarmen-Verband*) de la circonscription où le besoin de secours s'est fait sentir.

En créant l'assistance provinciale, la loi du 6 juin 1870 a imposé aux provinces ou aux États fédéraux qui sont dépourvus d'établissements ou d'installations pour exercer cette assistance, de procéder immédiatement à leur installation et de prendre à leurs frais la direction de l'assistance provinciale. Telles sont les dispositions de la loi, mais ces dispositions n'ont aucune sanction. Dans l'état actuel de la législation, on peut bien recommander aux États et aux provinces d'avoir à satisfaire à ces prescriptions, mais il n'existe aucun moyen pour les y contraindre ; chaque État est souverain dans le mode d'exécution de la loi, il ne faut pas l'oublier.

En ce moment, les fonctions de l'assistance provinciale sont remplies : 1° en Prusse par les districts provinciaux représentés par l'administration provinciale ; en Prusse occidentale, Brandebourg sans Berlin, Poméranie, Saxe, Silésie sans Breslau, Posen, Westphalie, Hanovre, province rhénane, Schleswig-Holstein sans Lauenbourg ; dans les districts de gouvernement par l'administration communale : à Kassel, Wiesbaden, Sigmaringen et les 19 cercles des provinces de la Prusse orientale, le duché de Lauenbourg et les communes de Berlin, Breslau et Königsberg ;

2° En Saxe, directement par l'État ;

3° En Wurtemberg par 61 bailliages ;

4° En Bade par 11 cercles ;

5° En Hesse par 18 cercles ;

6° et 7° En Mecklembourg-Schwérin et Saxe-Weimar, directement par l'État ; en Mecklembourg-Strélitz par le cercle de Stargard et la principauté de Ratzebourg ; dans les autres petits États, par l'État directement, sauf en Saxe-Meiningen où il existe 4 cercles, et dans la principauté de Waldeck, où il y a également 4 cercles. — *En tout 169 établissements d'assistance provinciale.*

C'est en général l'assistance provinciale qui fait soigner et garder dans ses établissements les aliénés, les idiots, les sourds-muets, les aveugles, les infirmes. Mais les communes sont tenues de l'indemniser, d'après les tarifs que j'ai déjà fait connaître, des dépenses qui leur incombent pour les indigents de cette catégorie qui ont chez elle leur domicile d'assistance. Il y a d'ailleurs un certain nombre de villes, indépendamment des 5 villes déjà nommées, qui sont à la fois assistance communale et assistance provinciale, qui se chargent elles-mêmes du soin de leurs infirmes.

L'assistance provinciale est tenue, si l'espace le lui permet, d'héberger et de soigner, contre indemnité, les personnes qui, d'après la loi, sont à la charge de l'assistance communale. Mais elle a la faculté, moyennant indemnité, de confier à l'assistance communale le soin de secourir et d'assister, dans la commune même, les indigents que la loi met à sa charge. On se plaint généralement qu'elle n'use pas assez souvent de cette faculté.

D'après l'article 36, l'assistance provinciale est également tenue d'accorder des secours aux communes de leur circonscription qui sont dans l'impossibilité de remplir les obligations d'assistance qui leur sont imposées. Enfin l'assistance provinciale est également tenue, en vertu des dispositions du Code pénal, de garder dans une maison de travail (*Arbeitshaus*) les individus qui, à l'expiration de leur peine, sont placés sous la surveillance de la police.

Je crois qu'un extrait très court des dépenses du budget de la province du Rhin, relatif à l'assistance publique provinciale, fera assez bien comprendre le rôle de cette institution vis-à-vis des communes.

Dépenses (1886-1887).

1° Rectification de comptes.	28 37
2° Frais de voyage et indemnités à la députation de l'indigénat.	3,470 40
3° Secours aux communes impuissantes (art. 36 de la loi). .	16,869 71
4° Paiement aux indigents sans domicile, à des communes et à des hôpitaux.	610,921 83
Total.	631,290 31

En général, l'assistance provinciale, obéissant aux prescriptions de la loi (art. 36), vient au secours des communes trop pauvres pour pourvoir aux besoins de l'assistance.

L'article 59 de la même loi stipule que si une union de pauvres est hors d'état de payer soit entièrement, soit partiellement, des frais qui lui sont définitivement imposés, c'est l'État fédéral auquel appartient cette union de pauvres (cette commune), qui est tenu de pourvoir soit directement, soit indirectement, au remboursement de ces frais.

L'obligation de venir au secours de la commune défaillante est imposée à l'assistance provinciale qui donne des secours en argent, admet les malades dans ses établissements. En général aussi, la proportion des secours à accorder est laissée à l'appréciation de l'assistance provinciale ; cependant ses décisions peuvent être l'objet d'un recours : en Prusse, auprès du conseil provincial, en Wurtemberg, auprès du ministre de l'intérieur, en Hesse, à la justice administrative, etc., etc.

La loi n'a pas dit à quels signes certains on pouvait reconnaître l'incapacité des communes de pourvoir aux besoins de l'assistance. Cette omission a eu lieu en pleine conscience et pour d'excellentes raisons.

Il est admis qu'on ne peut appliquer la même manière d'apprécier aux circonstances si variées et à la situation particulière de chaque commune.

En fait, l'octroi de secours direct pour venir en aide aux communes ne doit être considéré que comme un moyen extrême. Ce qui prouve que cette manière de voir répond à l'opinion générale, c'est qu'aucune proposition ayant pour objet de faire dépendre les secours à accorder aux communes de signes nettement caractérisés d'impuissance, n'a été faite jusqu'ici.

Quelle est la conséquence de cet état de choses résultant de cette manière d'entendre l'article 59 cité plus haut? C'est que certaines communes, qui sont dans l'impossibilité de satisfaire à l'obligation de secourir les indigents qui leur est imposée par la loi, sont conséquemment dans l'impossibilité, légalement, de contraindre les assistances provinciales à leur venir en aide.

La jurisprudence de l'office fédéral pour l'indigénat n'est pas non plus très favorable aux communes [1].

Lorsque celles-ci, après avoir, comme c'est leur devoir légal, assisté un indigent sans domicile, un *Landarm*, demandent à l'assistance provinciale de leur rembourser leurs frais et de prendre cet indigent à sa charge, cette dernière exige que les communes fournissent la preuve que l'indigent n'a pas de domicile d'assistance. Et cette prétention a été admise par l'office de l'indigénat qui en fait sa jurisprudence. Le prétexte, a jugé celui-ci, qu'on ne peut imposer à aucune partie la preuve d'une négation, ne peut être valable pour la partie qui s'appuie sur une négation pour établir un droit. La raison qu'il n'a pas été possible de fournir cette preuve n'est pas plus admissible. Ainsi la preuve de la qualité de pauvre sans domicile qui a reçu des secours provisoires n'est pas considérée comme produite, aussi longtemps qu'il y a un doute essentiel sur le point de savoir si l'assisté n'a pas un domicile d'assistance. La commune assistante doit, en outre, prendre les précautions indiquées à l'article 34, § 2, afin de garantir ses droits et

1. *La loi d'Empire sur le domicile de l'assistance*, par Wohlers, conseiller d'État intime supérieur, membre de l'office fédéral pour l'indigénat.

empêcher la prescription, de prévenir l'autorité administrative dans un délai de 6 mois.

La question de savoir à quelle assistance provinciale incombe l'assistance d'un pauvre sans domicile, donne lieu aussi à de très nombreux litiges.

Cette disposition de la loi relative à la perte du domicile de l'assistance par une absence de 2 années, à une époque comme la nôtre où les variations de l'industrie, la nécessité d'aller chercher du travail ailleurs que dans la patrie, oblige pour ainsi dire les ouvriers à de fréquents changements de séjour, est la mère de grandes difficultés; les pauvres sans domicile deviennent très nombreux; la loi sur la *liberté de séjour* qui permet aux communes l'expulsion des gens contre lesquels elle peut prouver qu'ils ont besoin de secours permanents et non d'une aide temporaire, leur est appliquée rigoureusement, et ils sont renvoyés à l'assistance provinciale où ils ne sont nullement certains d'être secourus! Que deviennent ces malheureux? Sans doute des vagabonds et des mendiants.

Aussi beaucoup de bons esprits en Allemagne pensent que cette loi sur le domicile facilite beaucoup trop aux communes les moyens de décliner leurs devoirs d'assistance, qu'elle donne lieu à des contestations sans nombre entre les communes et l'assistance provinciale. Ils pensent que tous ces inconvénients disparaîtraient si l'on ne faisait plus dépendre la perte du domicile de l'assistance d'une absence de 2 années, et si cette perte n'avait lieu que dans le cas d'acquisition d'un autre domicile. Ce serait la suppression des *Landarmen* (pauvres sans domicile); les sommes employées en ce moment pour secourir ces derniers pourraient être équitablement réparties entre les communes suivant leurs besoins.

De ce qui précède, on peut tirer la conclusion que les *Landarmen-verbände,* c'est-à-dire l'assistance provinciale est loin d'être organisée comme elle devrait l'être. Dans beaucoup de pays, les établissements nécessaires n'existent pas, dans d'autres on ne prend pas même le soin de confier aux communes, moyennant indemnités, le soin d'assister les *Landarmen* (pauvres sans domicile), ce qui serait le moyen simple et pratique de leur venir en aide et en même temps de leur permettre d'acquérir dans la commune où ils résident *le domicile de l'assistance.* Une chose qui ne peut manquer de frapper l'esprit, c'est le petit nombre de personnes secourues ou entretenues dans les institutions d'assistance provinciales. Il s'élève à peine à 38,000 pour une population de 39 millions, comprenant tous les pays où la loi sur le domicile de l'assistance est en vigueur. (On sait que la Bavière, l'Alsace et la Lorraine n'ont pas les mêmes institutions.) Or, l'assistance provinciale n'est pas tenue seulement à l'assistance des pauvres sans domicile, mais elle est également astreinte à secourir l'indigent congédié sans ressources d'un hôpital, les libérés des prisons et des maisons d'arrêt à l'expiration de leur peine ; c'est également et presque exclusivement par elle (sauf dans quelques grandes villes) que sont soignés et entretenus les aliénés, les aveugles, les sourds-muets, les épileptiques, les infirmes, les paralytiques, tous les invalides.

Ce petit nombre relatif permet de croire que les malheureux n'obtiennent pas les secours auxquels ils ont droit dans les établissements d'assistance provinciale.

La loi qui prescrit dans toute l'Allemagne l'établissement de l'assistance provinciale avec les conséquences qu'elle comporte, comme construction d'hôpitaux, d'hospices, de maisons de travail, etc., n'a fait que consacrer un état de choses qui existait depuis de longues années en Prusse.

On peut donc admettre que, dans ce pays surtout, la loi est appliquée, qu'elle l'est moins dans les provinces nouvellement annexées, et encore moins dans les États fédéraux qui n'ont été soumis à la loi sur le domicile de l'assistance qu'en 1871.

On fait quelquefois, en Allemagne, à l'assistance provinciale des reproches qui ne sont pas fondés. On lui attribue le grand nombre de vagabonds qui existent dans ce pays ; peut-être cette opinion est-elle juste, cependant on peut dire plus exactement, je crois, que c'est le grand nombre des vagabonds qui a été la cause primitive de l'établissement des institutions d'assistance provinciale, et cela en vue précisément de venir en aide aux communes et les délivrer de ce fléau. *A-t-on fait tout le nécessaire pour faire disparaître le mal ?* La réponse paraît devoir être négative, mais, encore un coup, ce n'est pas l'assistance provinciale qui est cause première du vagabondage et de la mendicité. D'ailleurs, tout le monde le reconnaît, le besoin de changer de lieu, le goût des migrations sont particuliers à la race germanique, et l'on a constaté que la grande majorité des vagabonds est composée non pas de vieillards, mais de très jeunes gens.

Un jour ou l'autre l'Allemagne adoptera une loi sur la relégation et prendra les dispositions nécessaires pour qu'elle puisse recevoir son exécution dans ses nouvelles colonies, ce qui jusqu'à présent n'a pas été fait chez nous.

En attendant, les communes se défendent du mieux qu'elles peuvent, par des moyens légitimes ou non, contre l'invasion des gens sans ressources ; de son côté, dans beaucoup de pays de l'Allemagne, l'assistance provinciale cherche à se dérober aux obligations qui lui incombent. Nous avons vu que certaines dispositions de la loi, assez vagues, d'ailleurs, et interprétées dans un sens restrictif, lui en fournissaient les moyens.

Beaucoup de personnes seraient d'avis de limiter à une année la durée de séjour nécessaire pour obtenir le domicile de l'assistance. D'autres désireraient que la perte du domicile ne pût avoir lieu que par suite de l'acquisition d'un autre domicile. C'était le droit en usage dans les provinces annexées à la Prusse en 1866. Ce serait arriver indirectement à la suppression de l'assistance provinciale. Les dépenses de celle-ci pourraient dès lors être employées presque tout entières au soulagement des communes obérées.

La loi qui a établi l'assistance provinciale (*die Landarmenverbände*) avait précisément pour objet de diminuer les charges de l'assistance publique des communes. Ce but, on le reconnaît, a été atteint en partie ; mais, d'un autre côté, la perte du domicile a de plus graves inconvénients moraux qu'elle ne procure d'avantages positifs. Elle relâche et rompt même quelquefois tous liens de famille et d'attachement au lieu d'origine.

Enfin, beaucoup de personnes désirent le maintien de l'état de choses actuel. Elles n'en méconnaissent pas les inconvénients, mais elles redoutent des changements dont, suivant elles, il est difficile de prévoir la portée et les conséquences.

Les opinions à l'égard *der Landarmenverbände* (de l'assistance provinciale) sont donc très différentes. Il n'en est pas de même en ce qui concerne l'assistance publique dans les campagnes. Tout le monde est d'accord pour reconnaître que cette partie de l'assistance publique allemande réclame des réformes sérieuses, sinon une réorganisation presque complète.

Je vais donc en dire quelques mots.

L'assistance publique dans les campagnes.

Le nombre total des unions de pauvres locales (assistances communales) est de 61,224, dont 1,926 communes urbaines, 42,080 communes rurales et 12,741 districts terriens (communes domaniales), et 4,477 communes mixtes, c'est-à-dire formées au moyen de la réunion de districts terriens et de communes rurales.

La loi sur le domicile de l'assistance permet aux communes de se réunir, de s'associer, pour rendre plus léger le fardeau de l'assistance.

Mais depuis 1870, époque où la loi a été votée, aucune commune n'a voulu profiter de cette faculté, et les choses sont restées dans le même état qu'il y a près de 20 ans. J'en dirai plus loin la raison.

La population totale de 12,741 communes domaniales est de 1,832,369 individus et la population moyenne de chacune d'elles de 144 personnes. Il y a, en Hesse, des communes domaniales qui ne comptent pas en moyenne plus de 11 habitants, dans le duché de Saxe-Meiningen plus de 8 habitants. C'est dans le Schleswig-Holstein et dans le grand-duché de Mecklembourg-Strélitz que se trouvent les plus grandes communes domaniales.

Disons tout de suite que les communes domaniales ou districts terriens sont des propriétés seigneuriales absolument indépendantes des communes limitrophes par leur administration intérieure. Le plus grand nombre de ces districts se trouve dans les provinces orientales de la vieille Prusse. Ils forment chacun, quel que soit le peu d'étendue de leur territoire, *un domicile d'assistance*, et sauf quelques ouvriers et marchands, la population ne se compose que de domestiques ou de paysans cultivateurs employés par le propriétaire pour l'exploitation de son domaine. Celui-ci joint à cette qualité de seigneur de la terre (*Gutsherr*) celle d'administrateur civil de la commune domaniale formée du district terrien. Il est aussi chargé de la police et du maintien de l'ordre. Enfin c'est un ancien seigneur héréditaire, moins les privilèges féodaux qui n'existent plus. Un certain nombre de ces propriétaires jouissent de larges revenus et sont vraiment de très grands seigneurs, appartenant à la plus haute aristocratie ; un plus grand nombre n'a que des revenus moyens et d'autres même assez médiocres, si l'on en juge par le chiffre des ouvriers qu'ils emploient.

Aux termes de la loi, ces propriétaires sont tenus de supporter les charges de l'assistance publique sur leurs domaines; mais beaucoup d'entre eux cherchent à se soustraire à cette obligation.

Un des moyens les plus usités, c'est de ne consentir des contrats de louage de travail que pour une durée inférieure à deux années, ou de congédier les ouvriers qu'ils emploient avant l'expiration de deux années consécutives, ce qui leur constituerait, sur leurs domaines, un droit à l'assistance.

En leur qualité de propriétaires, ils ont toujours le droit de renvoyer leurs ouvriers, qui ne sont en quelque sorte que leurs domestiques. Ils sont absolument maîtres chez eux comme tout propriétaire quelconque, et nul ne peut les empêcher d'agir autrement qu'ils ne le font.

C'est un moyen infaillible et simple d'échapper aux charges de l'assistance, et l'on assure que beaucoup d'entre eux n'hésitent pas à l'employer.

Les charges de la propriété sont considérables, les ressources médiocres, et un certain nombre de ces propriétaires sont chargés de dettes. Cela ne justifie pas ces procédés odieux, mais permet de les comprendre.

Ces domaines, derniers vestiges de la féodalité, appartiennent tous ou presque tous à la gentilhommerie prussienne. Depuis des siècles, tous les membres de cette noblesse servent dans les armées; héritiers et descendants des chevaliers de l'ordre Teutonique (sécularisé en 1525), qui ont conquis la Prusse sous la conduite d'Albert de Brandebourg, dernier grand-maître de cet ordre, ils ont été le fondement et l'instrument du développement de la puissance de la Prusse devenue un grand royaume qui domine aujourd'hui toute l'Allemagne.

Eh bien ! la situation pécuniaire d'une partie de cette noblesse, qui joue encore un si grand rôle dans la monarchie, et qui occupe presque tous les grades militaires, est considérée par beaucoup comme précaire.

Dans un article publié par la *Gazette de la Croix*, au commencement du mois de décembre dernier, un écrivain anonyme appartenant évidemment à la classe des officiers nobles, jette un cri d'alarme. Il dit que « des augmentations de traitements ne feraient pas plus d'effet que des gouttes d'eau jetées sur une pierre brûlante, qu'elles imposeraient de nouveaux sacrifices à la masse des contribuables, et qu'il en résulterait que ces mêmes contribuables, propriétaires, hôteliers, fournisseurs et marchands ne manqueraient de chercher et de trouver des compensations dans une augmentation correspondante de leurs prix. Il se plaint du luxe exagéré des officiers, il pense que le luxe même des chevaux doit être restreint. En notre qualité d'héritiers des *anciens ordres de chevalerie, nous devrions nous souvenir de leurs vœux de pauvreté*. Nous ne pouvons évidemment agir comme les anciens Templiers et monter à deux le même cheval, mais nous devrions nous contenter de ceux que l'État nous accorde pour le service et qui sont très suffisants. En un mot, la noblesse militaire est la classe sociale qui donne le ton ; le monde des fonctionnaires qui nous a imités et qui souffre du même mal que nous, suivra l'exemple contraire que nous devons donner à tous. C'est ainsi que nous arriverons à détruire la puissance de Mammon, etc. »

Ce langage est significatif; mais poursuivons.

Ces domaines seigneuriaux ne sont pas à la vérité légalement inaliénables, mais en fait, le gentilhomme ne renonce que contraint et forcé à la possession de son domaine héréditaire. Sa demeure seigneuriale est le signe visible de sa noblesse, de l'antiquité, de la gloire de sa famille. Ces propriétés légalement peuvent être aliénées. Mais on voit que les seigneurs n'usent jamais de cette faculté, pour des raisons bien faciles à comprendre ; mais, si elles sont aliénables, elles sont par contre indivisibles.

Aucune parcelle ne peut en être détachée. Le propriétaire endetté ne peut donc pas se libérer même partiellement. Il lui faut, s'il ne peut satisfaire ses créanciers, subir l'expropriation du domaine de ses ancêtres, de la demeure où il est né !

Il ne faudrait peut-être pas aller chercher plus loin une des causes des passions antisémitiques qui agitent le parti de la noblesse allemande, si l'on veut bien se rappeler que presque toute la banque est entre les mains des juifs.

Mais les récriminations de la haine sont stériles ; la noblesse prussienne ne devait pas s'en tenir là. Dans ces derniers temps, sur l'initiative d'un magistrat, M. Bünger, la question de la fondation d'une banque hypothécaire a été examinée avec soin ; cette proposition a été fortement approuvée par beaucoup de personnes importantes de la noblesse. Une banque foncière procurerait aux emprunteurs les moyens de transformer leurs dettes hypothécaires à échéances fixes en dettes à long terme, dont les annuités comprendraient le service des intérêts et l'amortissement du capital, d'après le système de notre Crédit foncier.

Dans un article publié le 6 décembre 1888 par la *Gazette de la Croix* sous le titre : *De la nécessité de mesures légales pour limiter* l'endettement *hypothécaire de la propriété domaniale,* je vois que ces projets ont reçu l'approbation des plus grands personnages de la noblesse, de MM. de Bismarck-Kniephof, de Zadow, de Boninschen, de Bonin-Neu-Stettin, de Hagen-Premsloff, etc., etc. Un de ces messieurs estime que la question a une telle importance, qu'il n'en connaît pas de plus grande dans le temps présent. Les avis à cet égard sont unanimes ; j'ai, à ce qu'il me semble, ouï dire qu'une banque foncière dite de la noblesse avait été récemment fondée à Berlin. Cette situation gênée d'une partie de la noblesse donne la clé de bien des choses de la politique.

Ce qui est certain, prouvé par la statistique, c'est que les secours donnés aux malades et aux indigents par les communes domaniales, même après qu'elles ont employé tous les moyens possibles pour s'en débarrasser, sont bien minimes.

Cette observation s'applique également aux communes mixtes formées de l'union de communes domaniales appartenant également à des membres de la noblesse et de communes. Or, la population des communes mixtes est de plus de 3 millions et celle des communes domaniales de près de 2 millions. Soit ensemble 5 millions d'habitants, représentant le huitième de la population, où la loi sur le domicile de l'assistance est en vigueur.

Voici un tableau emprunté à la statistique impériale qui montre que l'assistance publique dans les communes rurales est également bien insuffisante :

	POPULATION.	NOMBRE des assistés.	PROPORTION p. 100 des assistés.
Communes urbaines . . .	16,990,242	890,191	5.24
— rurales	24,719,020	533,120	2.16
— domaniales . .	1,832,360	54,944	3.00
— mixtes	3,314,067	68,954	2.08
Ensemble	46,855,701	1,547,209	3.30

Voici maintenant comment sont réparties les dépenses de l'assistance publique :

Communes urbaines . . .	46,026,917 marcs,	soit 2^m,71	par tête d'habit.
— rurales. . . .	20,490,926	—	0 83	—
— domaniales . .	3,126,850	—	1 71	—
— mixtes	2,316,350	—	0 70	—
En totalité.	71,961,043 marcs,	soit 1^m,54	par tête d'habit.

Ces chiffres établissent des contrastes bien marqués entre les villes et les campagnes. Sans doute que, dans les villes, les besoins d'assistance sont plus grands, les vivres, les loyers y sont plus chers. Les moyens d'assistance sont également plus abondants chez les habitants des villes, relativement plus riches que ceux des campagnes. Dans les petites communes, la situation de chaque habitant est connue d'une manière exacte. Il est plus facile aux administrateurs de l'assistance publique des communes de se défendre contre des demandes de secours injustifiées ; cela peut expliquer en partie leur minime dépense pour les pauvres et les malades. Il est évident aussi qu'en général le paysan, dur pour soi-même, l'est aussi à l'égard de son prochain. Il n'admet pas facilement qu'on ait recours à la charité publique. Cependant les villes dépensent 2 fr. 71 c. par tête d'habitant, les communes rurales 83 c., les domaniales 1 fr. 71 c., les communes mixtes, 70 c.

Le nombre des communes rurales obligées à l'assistance, quel que soit le chiffre de leur population, est considérable. Pour citer seulement les deux plus grands États de la confédération, il y a en Prusse, sur 37,347 communes rurales, 28,325 communes (76.5 p. 100) qui ont jusqu'à 500 habitants, 5,808 (15.7 p. 100) qui ne comptent que 100 habitants et 147 (presque toutes situées à l'est de la monarchie) qui n'ont que 15 habitants et même moins.

La Bavière, sur un nombre total de 7,368 communes rurales, 5,084 (68.5 p. 100) appartiennent à la première catégorie, 1 p. 100 a moins de 100 habitants et la plus petite commune n'a pas moins de 36 habitants.

Depuis près de 20 ans, la situation des communes est restée la même. La loi leur donne la faculté de former entre elles des associations d'assistance (*Armenverbände*). Elles n'en ont pas usé : les communes plus riches n'ont pas voulu faire bourse commune avec des communes pauvres. Et il est certain que la formation de ces associations (nous dirions en France des syndicats) n'aura pas lieu volontairement et *devra être imposée*.

Il est évident que, dans ces conditions, la plupart des communes rurales sont dans l'impossibilité matérielle absolue de remplir les obligations d'assistance qui leur sont imposées par la loi. Cependant les communes elles-mêmes n'élèvent aucune plainte, elles supportent tant bien que mal cette situation, mais il n'en est pas de même des amis des pauvres et des autorités de surveillance qui disent hautement que la situation des indigents dans ces communes est intolérable et qu'elles ne remplissent même pas les devoirs qui naissent des liens de famille. Les rapports sur l'assistance rurale révèlent depuis longtemps et encore aujourd'hui un état de choses véritablement effrayant.

Il existe en Allemagne, depuis de longues années déjà, une société qui porte le nom de : « Société allemande pour l'assistance publique et la bienfaisance » (*Deutscher Verein für Armenpflege und Wohlthätigkeit*). Cette société, qui compte parmi ses nombreux adhérents des préfets, des conseillers d'État, des bourgmestres, des conseillers municipaux, des *Landes-Directeurs,* des administrateurs de l'assistance publique, des magistrats, des publicistes, se réunit en congrès dans différentes villes de l'Allemagne à des époques déterminées. Cette société, comme son nom l'indique, s'occupe particulièrement des questions d'assistance publique, et elle a consacré un grand nombre de ses séances à l'assistance publique dans les campagnes.

Le baron de Reitzenstein a publié en 1887, sur la proposition de la société et de la commission spéciale dont il est le président, en un fort volume avec un appendice, toutes les délibérations et tous les rapports ayant pour objet les questions de l'assistance dans les campagnes. Ce volume est intitulé : *L'Assistance publique rurale et la réforme d'icelle* (*Die ländliche Armenpflege und ihre Reform*). On y trouve une mine de renseignements émanant des membres de la société appartenant à toutes les contrées de l'Allemagne. Leurs rapports sont unanimes pour constater l'état déplorable de l'assistance dans les campagnes. Il faudrait tout citer, et ce serait bien long.

Un des moyens pratiqués dans les districts terriens et dans les communes rurales pour éloigner les indigents et se décharger du fardeau de l'assistance, c'est ce qu'on appelle en Allemagne l'*Abschiebungs-System* qu'on peut traduire à peu près exactement en français par le mot : système de repoussement, et, dans le sens où je l'emploie, ce mot est à peine français. Quand un pauvre réclame l'assistance, on ne le repousse pas brutalement par un refus absolu, on l'invite à s'adresser à une autre commune; ou bien, suivant les cas, on l'ajourne en lui faisant des promesses qu'on est bien déterminé à ne pas tenir. Le malheureux revient au bout de quelques jours, on l'amadoue encore et on le lanterne jusqu'à ce que de lui-même il renonce à réclamer aucun secours! Ce mode de procéder est si connu, qu'on a fini en Allemagne par lui donner un nom, c'est l'*Abschiebungs-System !*

J'ai déjà dit comment certains propriétaires de districts terriens s'y prenaient pour empêcher que les habitants n'acquièrent, après avoir séjourné pendant deux ans dans la commune domaniale, le domicile de secours. *Eux et les autorités des communes rurales s'entendent avec les habitants pour refuser un logement à toute personne étrangère à la commune.* Et cela est si fréquent, que le fait pour un ouvrier des campagnes de n'avoir pas de domicile dans le lieu où il travaille, n'est pas admis par le tribunal de l'indigénat comme une preuve suffisante d'indigence (Wohlers). Il m'a été affirmé de divers côtés que les communes rurales et les districts terriens soutenaient de leurs deniers des pauvres et des malades originaires de leurs communes dans une ville, jusqu'à ce que, par un séjour de deux années dans cette ville, ils y aient acquis le domicile de secours. Enfin je trouve dans l'ouvrage du baron de Reitzenstein un rapport sur l'assistance publique dans les 40 dernières années, émanant d'un sous-préfet, auquel j'emprunte ce qu'on va lire :

« La situation de l'assistance dans les campagnes est mauvaise. Ce n'est pas que les dons manquent absolument; les pauvres des villes et les pseudo-pauvres tirent le principal de leur subsistance de la campagne, où une aumône leur est rarement refusée, de quelques-uns par pitié, d'autres par crainte de quelque vengeance. Mais là il ne manque pas seulement d'installation pour recueillir les malheureux, mais il n'y a aucune organisation pour soigner les malades. Dans les temps anciens dans lesquels des pauvres nécessiteux étaient une rareté à la campagne, ce manque d'installation était suppléé par des habitations en commun, par des intérêts communs importants étroitement unis dans un village, où le pauvre trouvait son compte. Mais depuis que les lois agraires ont dissous ces liens et créé la classe nombreuse des prolétaires qui sont tantôt ici, tantôt là, qui n'ont plus de rapports faciles avec les propriétaires et les communes, le caractère et les besoins de l'assistance se sont complètement modifiés. Qui demande l'assistance est interrogé sur son origine, examiné médicalement, et si sa demande paraît fondée, adressé à l'union des pauvres que cela concerne. Mais ces enquêtes demandent des mois, et pendant ce temps-là le malheureux ne peut obtenir aucun secours. Si la commune n'a plus de prétextes à invoquer, elle offre des secours en nature qu'elle n'est pas en état de fournir et lasse ainsi la patience du misérable. Il n'y a pas de différence de traitement à l'égard du pauvre qui a demeuré plus ou moins longtemps dans la commune. Après 10 ans, 20 ans, il éprouve la même difficulté à obtenir des secours, parce que entre les paysans et les habitants, qui travaillent presque tous au dehors, il ne s'est pas établi de rapports de voisinage, parce que les gens de la campagne ont le cœur dur, et enfin parce que les ressources de beaucoup de communes, composées d'un petit nombre de paysans ou d'habitants qui ont eux-mêmes à peine de quoi subsister, sont insuffisantes et quelquefois nulles.

« Il ne faut pas parler de l'existence dans ces pauvres villages de maisons de pauvres ; là où il s'en trouve, elles sont presque en ruines, dans un état de malpropreté et d'insalubrité effrayant, etc. En fait, il y a des communes où la situation générale est telle qu'on y est dans l'impuissance de pourvoir à la simple subsistance d'un vieillard, et il y en a d'autres où l'inertie, la léthargie paysannes sont presque incoercibles ! »

Ces citations ne sont pas suspectes ; elles émanent des hommes les mieux intentionnés, les mieux éclairés de l'Allemagne. Je m'en tiendrai donc là.

Il est cependant une question que je tiens à élucider devant le lecteur français. D'après la loi, « tout Allemand doit recevoir de la commune où il est reconnu indigent et malade, les soins nécessaires en cas de maladie, l'indispensable de l'existence, et en cas de mort une sépulture convenable ». L'article 28 stipule que « tout Allemand doit recevoir provisoirement des secours de la commune où le besoin de secours s'est fait sentir, même s'il n'est pas domicilié dans la commune, sauf le recours de celle-ci contre la commune véritablement obligée ».

Nous avons vu que, dans les villes, les intentions de la loi sont comprises et reçoivent leur exécution, et nous avons constaté aussi que, dans les campagnes particulièrement, le pauvre obtenait très difficilement des secours, *quand il les obtenait*. En cas de refus d'assistance, le pauvre ne peut faire valoir ses droits qu'auprès de l'autorité administrative et non par les moyens ordinaires de droit (art. 63 de la loi d'exécution). L'autorité administrative est représentée par le *Landrath* (sous-préfet) assisté de 6 membres élus du cercle. Elle juge sans recours ni appel. Mais à quoi sert une sentence du *Landrath*, quand le pauvre se trouve devant une caisse vide? Or, d'après tous les jurisconsultes allemands, et dans les intentions du législateur, la loi du domicile de l'assistance n'a établi *aucun titre légal* à l'assistance pour les nécessiteux. D'après M. Muestenberg, déjà cité, cela n'a pas créé un droit subjectif pour l'assisté, mais établi une mesure d'après laquelle au-dessus de la tête de chaque individu et d'après certaines circonstances extérieures de son existence, notamment la durée de son séjour dans une localité, la charge de l'assistance publique est répartie sur diverses unions de pauvres. Telle est la jurisprudence allemande à l'égard du *droit aux secours*, qui semble cependant bien assuré aux malheureux par l'article 1er de la *loi d'exécution*. On voit qu'il n'en est rien. C'est la négation des obligations de l'État en matière d'assistance publique, négation *qui est d'ailleurs visée par la loi* (art. 33) sur le domicile de l'assistance.

Un peu plus loin, M. Muestenberg remarque très sensément qu'il importe peu à l'indigent qu'un intérêt public concret, ou une prétention personnelle fondée ou non lui fassent accorder ou refuser l'assistance. Si j'ai, en passant, signalé cette manière de penser des jurisconsultes allemands, c'est qu'elle me paraît en contradiction avec le principe absolu de l'assistance obligatoire inscrite dans la loi, il est vrai, mais qui ne s'applique en réalité qu'aux communes. Or, nous avons vu que beaucoup d'entre elles sont dans l'impuissance.

La loi sur le domicile de l'assistance aurait dû pourvoir à cette situation, mais les choses sont restées dans le même état, et il existe, on l'a vu, des inégalités incroyables dans la population des communes et par suite dans leurs facultés.

La Société allemande pour l'assistance publique et la bienfaisance a fait de cette situation de l'assistance rurale l'objet de ses délibérations. La question a été traitée, examinée à tous les points de vue dans les congrès tenus à Darmstadt en 1882, à Weimar en 1884, à Brême, à Stuttgard en 1886. C'est dans ce dernier congrès (septembre 1886), que le congrès a adopté définitivement, après des discussions approfondies, un projet de réforme.

Voici l'article 1er :

a) La situation dans les petites communes et particulièrement dans les communes rurales impose une transformation de la législation relative à l'assistance publique ;

b) Cette transformation doit avoir notamment pour objet de répartir l'octroi des secours et les charges de l'assistance sur les unions de pauvres plus étendues.

Le congrès propose d'établir des unions de pauvres étendues ; les unes auraient l'administration des institutions des idiots, des aliénés, des sourds-muets, des aveugles, des orphelins, des maisons de travail forcé ; les autres seraient chargées des secours individuels. C'est la suppression de l'organisme de l'assistance provinciale. Ce qui caractérise ce projet, c'est qu'il n'abandonne pas le soin de la formation d'union de pauvres plus étendues aux communes elles-mêmes ; cette formation ou réunion n'est pas facultative, *mais obligatoire*. Si le projet était adopté, il remédierait au grave inconvénient que j'ai signalé de l'existence de petites communes où, faute de ressources, ces communes ne remplissent pas les obligations qui leur sont imposées par la loi.

Je ne crois pas cependant que ces mesures suffisent, particulièrement dans les contrées pauvres de l'Allemagne ; il me paraît évident que là des subventions sont nécessaires et que, si elles ne sont pas aidées, les communes rurales, *même unies*, continueront à être impuissantes. Et, en effet, ce serait marier la faim avec la soif, ce qui n'a jamais été un bon moyen de former des unions prospères. Beaucoup de personnes sont d'avis qu'il serait bon d'introduire dans les campagnes le système d'Elberfeld, ce qui ne leur semble pas une chose impossible.

La loi d'empire du 5 mai 1886, relative à l'assurance contre les maladies et les accidents de personnes occupées dans les *exploitations agricoles et forestières*, aura sans doute pour effet d'améliorer la situation de l'assistance publique dans les campagnes. Elle obligera les communes rurales à s'unir pour organiser chez elles le secours pour les malades.

L'autorité administrative qui préside à la formation des caisses d'assurances contre les maladies, peut y *comprendre plusieurs communes* et établir ainsi des *Weitere Communal-Verbände* (unions communales étendues). Cette institution, quand elle sera entrée en vigueur, pourra servir d'indication, sinon de base, à une réforme de l'assistance publique rurale.

On sait en effet que d'après la loi d'assurances contre les accidents, les associations professionnelles qui sont exclusivement composées de patrons ou de chefs d'exploitation et d'industrie, ne sont tenues à secourir la victime d'un accident que 13 semaines après la date de cet accident. Pendant ces 13 semaines, ce sont les caisses d'assurances contre les maladies ou les communes qui doivent prendre soin de la victime de l'accident. Les communes rurales vont donc être obligées d'organiser un service pour les malades. Cette loi de 1886 décrète également la création de caisses contre les maladies des ouvriers agricoles, sur les mêmes bases que les caisses de maladies des ouvriers de l'industrie. Mais dans la crainte que les cotisations des chefs d'industrie des campagnes ne suffisent pas pour assurer le fonctionnement des caisses contre les accidents, elle a autorisé le directeur de ces caisses à insérer dans leurs statuts une disposition qui leur permettra (art. 33), au moyen d'une augmentation sur les impôts déjà existants et correspondante aux besoins, de se procurer les ressources nécessaires. Cette loi, comme je l'ai déjà dit, quand elle sera mise à exécution, protégera contre les maladies et les accidents près de 7 millions (6,978,000) d'ouvriers et employés occupés dans les exploitations agricoles et forestières.

Mais à côté de ces personnes valides, en état de travailler, subissant une retenue sur leurs gains journaliers, il restera encore bien des malheureux à secourir, les malades, les infirmes, les aveugles, les sourds-muets, les orphelins, etc. Or, nous avons vu que l'organisation actuelle de l'assistance dans les campagnes ne le permet pas.

Dans les villes, on peut dire que l'administration de l'assistance publique laisse peu à désirer. Une loi *sur l'obligation de l'assistance y est à peine nécessaire*. C'est que, dans les villes, les ressources sont abondantes; c'est que leurs habitants ont un sentiment très vif de la solidarité qui unit tous les hommes, qu'ils sont plus compatissants, c'est qu'enfin ils voient mieux le danger social de la misère, et qu'ils comprennent qu'il ne faut pas laisser les malheureux en proie aux conseils de la faim. Ces idées, ces sentiments existent à un degré bien moindre chez les paysans, qui sont en général moins accessibles à la pitié et peu éclairés; puis, il faut le répéter, *les ressources leur font défaut presque entièrement.*

Les nouvelles institutions d'assurances obligatoires sont appelées à rendre de grands services aux ouvriers et aux employés en âge de travailler (lesquels sont, à la vérité, nombreux) ; *elles leur imposent la prévoyance,* mais elles ne peuvent évidemment pas suppléer une bonne organisation de l'assistance publique. Or, l'Allemagne est-elle en possession d'une telle organisation ?

J'ai rendu justice à l'organisation de l'assistance publique dans les villes, mais en présence des lacunes de l'*assistance provinciale* (Landarmenverbände), et si l'on considère la manière dont elle fonctionne dans la plupart des communes rurales et des domaines seigneuriaux, presque réduits aux secours intermittents de la charité privée, il est impossible de répondre à la question ainsi posée, autrement que par une négation.

TABLE DES MATIÈRES

Nancy, imprimerie Berger-Levrault et Cie.

Nancy, imprimerie Berger-Levrault et Cie.

www.ingramcontent.com/pod-product-compliance
Ingram Content Group UK Ltd.
Pitfield, Milton Keynes, MK11 3LW, UK
UKHW021043230726
13926UKWH00004B/1629

9 782013 579476